Margrit Irgang (Hrsg.)
Buch der Freude

HERDER spektrum

Band 5071

Das Buch

Freude hängt nicht an äußeren Bedingungen. Sie kommt von innen, ist ein elementares menschliches Gefühl: erfüllend, ausstrahlend, kreativ, intensiv, positiv, anderen zugewandt.

Wer sich freut, teilt auch Freude mit. Sich zu freuen heißt: den Blick auf die schönen Seiten zu richten. Das Leben ist voll davon, es gilt nur achtsam darauf zu sein: ein blühender Baum im Frühling, ein überraschender Erfolg oder eine gute Nachricht, das freudige Ereignis, auf dessen Eintreten wir mit viel Vorfreude gewartet haben, das Lächeln eines Kindes.

„Eine Freude vertreibt hundert Sorgen", heißt es: Freude ist aber auch eine Ressource, auf die man in wirklich schwierigen und dunklen Situationen zurückgreifen kann. Auch ein Trauernder kann sich an Musik freuen oder an einer Blume, sich von der liebenden Zuwendung eines Mitmenschen oder von einer höheren Kraft getragen fühlen. Darauf kommt es im Alltag an: die Fähigkeit zu wirklicher Freude zu kultivieren, Freuden mit anderen zu teilen und den guten Möglichkeiten des Lebens mit Aufmerksamkeit zu begegnen und sie zu nutzen.

Margrit Irgang hat für ihr „Buch der Freude" besondere Texte gesammelt, die ganz konkret und positiv vermitteln, worum es bei dieser Haltung geht, die einen ganz besonderen Charme ausstrahlt. Es sind Texte, die leuchten und zum Weiterdenken inspirieren. Ob mit Tiefsinn oder Leichtigkeit, mit Weisheit oder Humor – Doris Dörrie, Thich Nhât Hanh, der Dalai Lama, Mahatma Gandhi, Anselm Grün, Verena Kast, Erich Fromm, Antoine de Saint-Exupéry, Rainer Maria Rilke, Albert Camus, Pablo Neruda, Hermann Hesse und viele andere zeigen, wie vielfältig und herzerfrischend Freude sein kann. Jeden Tag.

Die Herausgeberin

Margrit Irgang ist Schriftstellerin und praktiziert seit 17 Jahren Zen. Sie lebt in der Nähe von Freiburg und hat Romane, Erzählungen und Gedichte für Erwachsene und Kinder sowie Hörspiele, Features und Essays über Literatur und Zen-Buddhismus geschrieben. Für ihre Arbeit wurde sie mit zahlreichen Preisen ausgezeichnet, u.a. mit dem Staatlichen Bayerischen Förderpreis für Literatur, dem Marburger Förderpreis und einem einjährigen Gastaufenthalt in der Deutschen Akademie Villa Massimo, Rom.

Margrit Irgang (Hrsg.)

Buch der Freude

für

Anne

„Im Frühlingsregen:
Ein Schirm, ein Regenmantel
gehen, plaudern."

Buson, HAIKU

„Eine Freude vertreibt
hundert Sorgen."

2001 K. G.

Herder
Freiburg · Basel · Wien

Gedruckt auf umweltfreundlichem,
chlorfrei gebleichtem Papier

Originalausgabe

Satz: DTP+Printmediengestaltung M. Heublein, Freiburg im Breisgau
Herstellung: Freiburger Graphische Betriebe 2001
Umschlaggestaltung und Konzeption:
R·M·E München / Roland Eschlbeck, Liana Tuchel
Umschlagmotiv: © Photonica
Foto der Herausgeberin: © Isolde Ohlbaum
ISBN 3-451-05071-4

Inhalt

Vorwort 7

Die Fenster der Seele sind zahllos
Das freudvolle Verweilen im Augenblick 11

Den Möglichkeiten des Glücks entgegen
Die Vorfreude 31

Erinnerungen, die Funken sprühen
Von der Wiedererweckung vergangener Freuden 39

Süßer Reis mit Mango
Genüsse und die alltäglichen Dinge als Freudenspender . . 49

Wo Freude ihre Feste feiert
Über das Lachen, das Tanzen und die Magie
des Schöpferischen 63

Freude ist Leid ohne Maske
Vom Lachen, das den Schmerz mit einschließt 87

Alles Vorhandene bist du
Von der Liebe, dem Geben und der Mitfreude 109

… **und sie gehorchen dem Licht**
Die Überschreitung der Grenzen des Ichs 131

Quellen 145

Vorwort

„... denn in dem Buch, das herrlich ist und das ich also zu finden anfange, wird alles sein wie Esultate Jubilate.“ In ihrem Roman „Malina“ imaginiert Ingeborg Bachmann das Buch, das es noch nicht gibt. Die Menschen werden, so stellt sie sich vor, sich voller Freude auf den Boden werfen, nur weil sie eine Seite daraus gelesen haben; sie werden Luftsprünge tun, „es wird ihnen geholfen sein“. Was ist das für eine aufregende, nie gehörte Geschichte, die dieses Buch erzählen müßte? Und warum hat noch kein Autor, keine Autorin die Geschichte aufgeschrieben? An einem Oktobertag des Jahres 1929, der Zeit ihrer größten Erfolge, notiert Virginia Woolf in ihrem Tagebuch einen Satz: „Wenn ich das Gefühl einfangen könnte, würde ich es tun: Das Gefühl vom Singen der wirklichen Welt.“

Es geht nicht um eine bestimmte Geschichte. Das Buch der Freude müßte von einem Menschen geschrieben werden, der das *Singen* der *wirklichen* Welt *einfangen* könnte. Einem Menschen, der in der Freude vollkommen zu Hause wäre. Aber wer von uns könnte behaupten, nie in freudloser Stimmung zu sein – wir alle geraten in Zweifel, Eifersucht und Neidgefühle, erfahren Verluste und Schmerz. Uns sind allenfalls Freudenmomente bekannt, selige Minuten oder Stunden inmitten des grauen Alltags.

Das Buch der Freude ist noch nicht geschrieben worden. Deshalb habe ich in diesem Band Freudenmomente von Schriftstellern und Philosophen gesammelt und Gedanken von religiösen und Weisheits-Lehrern über die Freude. Dabei dürfen wir eins nicht vergessen: Wer mitten im bewußt gelebten Leben steht – in diesem Jahrhundert oder in einem früheren – und über die Freude spricht, der spricht auch über das Leid, ob es mitformuliert ist oder nicht. Wie könnten wir das Licht als hell erkennen, wenn wir es nicht mit der Dunkelheit, die uns so reichlich zu umgeben scheint, in Beziehung setzen würden? Freudige Menschen fliehen keineswegs – wie ihnen manchmal unterstellt wird – aus der Wirklichkeit. Wer sich wahrhaft freut, kennt auch tiefes Leid. Solche Menschen empfinden wir deshalb als „heil“ im ursprünglichen Sinn des Wortes: nämlich als ganz. Sie geben uns eine Ahnung davon, was dem Menschen an innerer Spannweite möglich ist.

Wo und wie finden wir nun unsere Freude? Wer glaubt, sie läge in äußeren Dingen verborgen, hat sie schon verpaßt: Freude entsteht allein in uns selbst. Auslöser für die Freude kann schlichtweg alles sein: ein wackliger Stuhl in einem Pariser Hotel, ein Gang mit bloßen Füßen im Wald, Tomatensuppe, ein Wickenstrauß, das Lachen eines Kindes. Freude scheint unerwartet und ungerufen zu kommen. Sie überfällt uns an einem Montagmittag um zwölf beim Kartoffelschneiden und bleibt in der Opernaufführung, auf die wir uns so gefreut hatten, aus. Müssen wir also das Ausbleiben von Freude als ein Schicksal betrachten, an dem wir nichts ändern können?

Die meisten Autorinnen und Autoren, die hier zu Wort kommen, sind anderer Meinung. Für die Freude, erklären sie, kann man etwas tun. Freude – das sollten wir festhalten – ist nicht dasselbe wie Spaß und Vergnügen, die von äußeren Bedingungen abhängig sind. Freude ist auch nicht „Glück“. Wer sagt, daß er glücklich sei, meint im allgemeinen, daß er sich freut. Freude aber ist nicht abhängig von Glücksumständen, sie kann selbst unter widrigen Bedingungen entstehen. Deshalb ist Freude umfassender als Glück, und sie ist aktiv: Freude ist eine Haltung.

Wir können uns dazu entschließen, uns an Kleinigkeiten zu erfreuen, auch wenn unser Leben gerade in einer schwierigen Phase ist. Das gelingt uns, wenn wir das scheinbar Selbstverständliche als Wunder betrachten. Der vietnamesische Zen-Meister Thich Nhât Hanh nennt das die „Freude am Nicht-Zahnschmerz“: Ist es nicht großartig, daß wir in diesem Augenblick keinen Zahnschmerz haben? Für gewöhnlich reagieren wir auf unangenehme Situationen mit Angst oder Wut. Wenn wir jedoch unsere Freudefähigkeit genährt haben, sind wir nicht länger Opfer der Umstände: Wir können auf das, was uns begegnet, eine schöpferische Antwort geben. Diese Art des Sichfreuens wird uns nicht geschenkt; wir müssen sie üben.

Wenn wir das getan haben, werden uns vielleicht eines Tages die hohen Stufen der Freude gelingen: die Freude ohne äußeren Anlaß und die Mitfreude am Glück eines andern, auch wenn es uns gerade schlecht geht.

Nachdem ich etwa die Hälfte der Texte für diesen Band gesammelt hatte, fiel mir etwas auf: Die Autoren scheinen einander zu antworten. Der Buddhist Alan Watts sieht den Tanz der Hindu-Gottheit Shiva an einem gewöhnlichen Tag an einer Tankstelle irgendwo in Amerika – der Sufi-Meister Pir Vilayat Khan bekräftigt, daß wir alle fähig sein sollten, mit Shiva zu tanzen. Was verbindet die Schriftstellerin Doris Lessing mit Hölderlins Diotima? Beide kochen mit großer Freude Gemüse. Welch geheime Verwandtschaft enthüllt sich da, welche erstaunlichen Verbindungen bahnen sich an über Zeiten und Kontinente hinweg, und welches ist der Faden, der das Netz der Autoren zusammenknüpft? Der Faden ist die Freude.

Menschen, die sich freuen, sprechen eine universale Sprache: Sie funkelt oder glüht, tanzt oder meditiert – aber nie ist sie kühl, distanziert und berechnend. Freude kann man nicht verstecken, und deshalb ist sie riskant: Wir geben uns preis, wenn wir uns freuen. Zweifler, Neider und Spötter werden ihren Hohn über uns ergießen. Aber Freude ist gleichzeitig unser Schutz und kann das Freudlose um uns herum verwandeln.

Freude ist ungeteiltes Sein im Augenblick. Wir freuen uns immer hier und jetzt; selbst wenn wir Vorfreude haben, empfinden wir sie *jetzt*, und wir erinnern uns *jetzt* an vergangene Freuden. Natürlich gilt das für alle Emotionen: Auch Angst und Wut können nur in der Gegenwart erfahren werden. Es ist aber schwerer, den Augenblick in unangenehmen Emotionen zu erfahren als vermittels der Freude. Erfahrung des gegenwärtigen Augenblicks? Ja – denn die absolute Präsenz im Augenblick ist, dem Zen-Buddhismus zufolge, die Vorbedingung für das Erwachen, für die Erkenntnis unserer grundlegenden, strahlenden Natur. So gesehen, kann inmitten der Freude jederzeit das Erwachen stattfinden.

Da aus bewußt erlebter Freude neue und größere Freude entsteht, kann Freude zum Weg der Transformation werden. Diesen Weg der Freude zeichnen die Kapitel dieses Buches nach: Er beginnt bei den alltäglichen Dingen, führt zur Liebesbegegnung und über die Erfahrung der Transzendenz zum freudigen Eintritt in das Unbekannte, Tod genannt. Wenn wir uns der Vergänglichkeit alles Seienden stellen, sagt der tibetische Meister Sogyal Rinpoche, werden wir der unsterblichen Natur unseres Geistes begegnen. Welch eine Freude wird uns diese Entdeckung bereiten!

Margrit Irgang

Die Fenster der Seele sind zahllos

Das freudvolle Verweilen im Augenblick

Die Neuheit jeden Augenblicks

Suche niemals, in der Zukunft die Vergangenheit wiederzufinden. Ergreife jedes Augenblickes unvergleichliche Neuheit und bereite dir nicht deine Freuden – wisse, daß am vorbereiteten Ort Freude *anderer Art* dich überraschen wird.

Wie konntest du nicht begreifen, daß alles Glück Begegnung ist und sich jedem Augenblick wie der Bettler am Wege vor dich hinstellt. Du Ärmster, wenn du wähnst, dein Glück sei tot, weil du nicht solcher Art dein Glück dir erträumt hattest – und weil du's nicht annehmen willst, es entspreche denn jenem deinem Wunsche.

Lust bringt der Traum von morgen – aber die Lust von morgen ist eine andere –, und nichts zum Glück gleicht dem Traumbild, das man sich davon gemacht hat, denn *neu und anders* ist die Bedeutung eines jeden.

Ich mag's nicht, daß ihr mir sagt: Komm, ich hab dir eine Freude bereitet; ich mag nur noch die Freuden des Wanderers und die meine Stimme aus dem Felsen springen macht – so strömen sie uns neu und stark, wie junger Wein aus der Kelter quillt.

André Gide

Dem Schauen sind keine Grenzen gesetzt

Die Sehnsucht nach dem Paradies, ob es nun im Jenseits oder hier auf Erden gedacht wird, hat fast aufgehört. Aus einer *idée force* ist eine *idée fixe* geworden. Ein mächtiger Mythos ist zu einem Tabu entartet. Menschen opfern ihr Leben, um eine bessere Welt zu schaffen – was immer sie darunter auch verstehen mögen –, aber sie rühren keinen Finger, um das Paradies zu finden. Auch bemühen sie sich nicht, in der Hölle, in der sie sich aufhalten, einen kleinen Bezirk abzugrenzen, der einem Paradies ähnlich wäre. Es ist eben viel leichter – und blutiger –, eine Revolution zu machen, das heißt, einfach ausgedrückt, einen anderen Status quo herzustellen. Wenn das Paradies verwirklicht werden könnte – dies ist eine klassische Entgegnung –, wäre es kein Paradies mehr.

Was soll man zu Menschen sagen, die darauf bestehen, ihr eigenes Gefängnis zu bauen?

Es gibt auch solche, die sogleich, wenn sie etwas gefunden haben, was sie für ein Paradies halten, Mängel daran entdecken. Das Paradies dieser Leute wird dann sogar noch schlimmer, als die Hölle war, der sie entkommen sind.

Sicher hat jedes Paradies, wo es auch sein mag, Mängel. (Paradiesische Mängel, wenn man will.) Wenn das nicht so wäre, könnte es die Herzen von Menschen *oder* Engeln nicht bewegen.

Die Fenster der Seele sind zahllos, so sagt man. Und mit den Augen der Seele wird das Paradies erblickt. Wenn euer Paradies also Mängel hat, dann macht mehr Fenster auf! Das Schauen ist ganz und gar eine schöpferische Fähigkeit. Es benützt den Körper und den Geist wie der Seemann seine Instrumente. Wenn man offen und wach ist, bedeutet es wenig, ob man einen abgekürzten Weg nach Indien findet oder eine neue Welt entdeckt. Alles will entdeckt werden, es bettelt gleichsam darum – aber nicht zufällig, sondern intuitiv. Wenn man intuitiv sucht, so liegt unser Ziel niemals in einem zeitlichen oder räumlichen Jenseits, sondern immer jetzt und hier. Wenn wir immer ankommen und scheiden, so ist es gleichfalls wahr, daß wir ewig vor Anker liegen. Unser Ziel ist nie ein Ort, sondern eine neue Art, die Dinge zu sehen, das heißt, dem Schauen sind keine Grenzen gesetzt. Ebenso hat das Paradies keine Grenzen. Jedes Paradies, das den Namen verdient, kann alle Mängel der Schöpfung enthalten und doch unverkleinert und unbefleckt bleiben.

Henry Miller

Es ist so eine Ironie, solch ein Widerspruch, daß wir ständig nach Höhepunkten des Erlebens suchen, wenn die Höhepunkte doch in all den Dingen um uns vorhanden sind, die unser Auge entzücken. Sehen wir ein Mädchen in einem schönen Kleid, macht uns das froh, wie uns alles Schöne froh macht. Den natürlichen Weg zur Begeisterung haben wir verlassen und suchen nun auf andere Weise danach. Dabei ist es alles vorhanden und erreichbar für uns, selbst wenn die Umstände schwierig sind.

Anaïs Nin

Es gibt eine Möglichkeit, den in uns verborgen liegenden Schatz von Weisheit, Liebe und Verstehen, Frieden und Freude zu berühren und ihn wie eine Blume zum Erblühen zu bringen.

Thich Nhât Hanh

Freude ist unsäglich mehr als Glück, Glück bricht über die Menschen herein, Glück ist Schicksal, Freude bringen sie in sich zum Blühen, Freude ist einfach eine gute Jahreszeit über dem Herzen; Freude ist das Äußerste, was die Menschen in ihrer Macht haben.

Rainer Maria Rilke

Freude ist Leichtigkeit

Das Gefühl des Einsseins mit sich selbst und das Gefühl des Ganzseins, das so sehr von uns Menschen gesucht wird, ist im Moment der Freude vorhanden. Das gibt uns auch ein Gefühl von Vitalität, vielleicht sogar von Freiheit. Alle Bewegungen, die mit der Freude verbunden sind, sogar mit einer stillen Freude, sind Bewegungen in die Höhe, Bewegungen der Leichtigkeit; wir fühlen uns leichter, als wir normalerweise sind, und können mit etwas leichterer Hand auch an die Dinge herangehen.

Diese Freude kann nicht aufbewahrt, nicht aufgespart werden. Man kann nicht sagen: „Ich freue mich jetzt, das behalte ich ein paar Tage." Wenn wir so denken, dann ist die Freude uns bereits entglitten.

Verena Kast

Der Wunsch nach Genuß erzeugt Leid

Wenn Sie auf die Dinge schauen können, ohne zu dulden, daß sich das Verlangen nach Genuß einschleicht – auf ein Gesicht, einen Vogel, auf die Farbe eines Sari, die Schönheit einer weiten Wasserfläche, die in der Sonne glitzert, oder auf irgend etwas anderes, das Entzücken schenkt –, wenn Sie darauf ohne den Wunsch schauen können, daß die Erfahrung sich wiederhole, dann wird es keinen Schmerz, keine Furcht geben, sondern unermeßliche Freude.

Das Bemühen, die Freude zu wiederholen und fortdauern zu lassen, verwandelt sie in Leid. Beobachten Sie das in sich selbst. Das Verlangen nach Wiederholung der Freude erzeugt das Leid, denn in der Wiederholung ist das Erlebnis nicht das gleiche, das es zuvor war. Sie kämpfen darum, dasselbe Entzücken wiederzuerlangen, nicht nur als ästhetische Sinnesempfindung, sondern als den gleichen inneren Zustand des Geistes, und Sie sind verletzt und enttäuscht, weil es sich Ihnen verweigert.

Jiddu Krishnamurti

Freude klopfte an meine Tür; Wunsch antwortete ihr in meinem Herzen; ich blieb knien, ohne zu öffnen.

André Gide

Ein heller Frühlingsmorgen

Ein einziger milder Regen macht das Gras um vieles grüner. So schöpfen wir neue Hoffnung, wenn uns bessere Gedanken zuströmen. Gesegnet wären wir, wenn wir immer in der Gegenwart lebten und alles, was uns zufällt, nutzen könnten wie das Gras, das sich von jedem Tautropfen nährt, der es benetzt, und wenn wir unsre Zeit nicht damit verbrächten, Versäumtes nachholen zu wollen, was wir dann Pflichterfüllung nennen. Wir halten uns noch im Winter auf, während es schon Frühling ist. An einem hellen Frühlingsmorgen sind alle Sünden des Menschen vergeben. Ein solcher Tag bedeutet Waffenstillstand für das Laster. Wenn eine solche Sonne vom Himmel brennt, kann auch der elendeste Sünder umkehren. Durch die Unschuld, die wir selbst wiederfanden, sehen wir die Unschuld unserer Nachbarn. Gestern hast du deinen Nachbarn vielleicht als einen Dieb, einen Trunkenbold oder einen Lüstling gekannt und ihn bloß bemitleidet oder verachtet, und du bist an der Welt verzweifelt. An diesem ersten Frühlingsmorgen aber scheint die Sonne hell und warm, sie erschafft die Welt aufs neue, und du begegnest ihm bei einer heiteren Arbeit. Du siehst, wie seine schlaffen, kranken Adern sich mit stiller Freude füllen und den neuen Tag segnen, den Einfluß des Frühlings mit kindlicher Unschuld spüren, und alle seine Fehler sind vergessen. Um ihn ist nicht nur eine Atmosphäre des guten Willens, sondern sogar ein Hauch von Heiligkeit, der blindlings vielleicht und fruchtlos um Ausdruck ringt wie ein neugeborener Instinkt, und eine kurze Stunde lang ist vom Südhang des Hügels kein Echo gemeinen Scherzens zu vernehmen. Du siehst, wie einige unschuldige, lautere Triebe sich anschicken, aus der knorrigen Rinde zu dringen, und ein neues Lebensjahr versuchen wollen, zart und frisch wie die jüngste Pflanze. Auch er ist eingegangen in die Freude des Herrn. Warum läßt der Kerkermeister die Türen des Gefängnisses nicht offen, warum hebt der Richter seine Verhandlung nicht auf, warum entläßt der Prediger nicht seine Gemeinde? Weil sie Gottes Wink nicht folgen und die Vergebung nicht annehmen wollen, die er in seiner Großmut allen bietet.

Henry D. Thoreau

Das Reich der Wahrnehmung ist grenzenlos

Wenn du in der Lage bist, dich zu entspannen – dich für eine Wolke öffnen, die du siehst, einen Regentropfen in seiner ganzen Wirklichkeit erfahren –, so kannst du die Unbedingtheit der Wirklichkeit direkt sehen: Sie ist in den Dingen, so wie sie sind, ganz einfach. Wenn du die Dinge anschauen kannst, ohne zu sagen: „Dies ist für mich, das ist gegen mich“, oder „Hiermit stimme ich überein, damit nicht“, dann erfährst du den Seinszustand des kosmischen Spiegels, die Weisheit des kosmischen Spiegels. Ob du eine Fliege vorbeisummen oder eine Schneeflocke fallen siehst, ob es Wellen im Wasser sind oder eine schwarze Spinne – all das nimmst du einfach wahr, in vollkommener Aufnahmebereitschaft, ohne „Ja“ und „Nein“.

Ein ungeheures Feld der Wahrnehmung entfaltet sich: Klänge, Anblicke, Gerüche, Empfindungen in unerschöpflicher Fülle. Das Reich der Wahrnehmung ist grenzenlos, die Wahrnehmung selbst ursprünglich, unbedingt, unausdenklich. Es gibt Klänge, die du nie gehört, Farben und Dinge, die du nie gesehen, Gefühle, die du nie empfunden hast. Wir verstehen unter Wahrnehmung hier jedoch nicht nur ihren Inhalt, sondern den ganzen Akt des Wahrnehmens – die Interaktion zwischen dem Bewußtsein, den Sinnesorganen und den Gegenständen der Wahrnehmung. In manchen religiösen Traditionen gelten Sinneswahrnehmungen als problematisch, weil sie weltliche Begierden wecken. In der Shambhala-Tradition, die an keine Religion gebunden ist, werden Sinneswahrnehmungen dagegen als heilig erachtet, als von Grund auf gut. Sie sind eine natürliche Anlage und Gabe des Menschen. Sie sind eine Quelle der Weisheit, denn ohne sie, ohne Sehen, Hören, Schmecken und so weiter, gibt es keine Kommunikation mit der Welt der Phänomene. Die Wahrnehmung in ihrem ungeheuren Reichtum gibt uns die Möglichkeit, die Welt in ihrer ganzen Tiefe, die „Große Welt“ zu erfahren.

Chögyam Trungpa

Glaubst du, du könntest jetzt in diesem Augenblick das gewaltige und unmittelbare Erlebnis des Lebens vollkommen spüren – ohne zu vergessen, was nicht Leben ist? Dich behindert die Richtung deines Denkens; du lebst in der Vergangenheit oder in der Zukunft, und nichts erlebst du unmittelbar.

André Gide

Wenn ich das Gefühl einfangen könnte, würde ich es tun: das Gefühl vom Singen der wirklichen Welt …

Virginia Woolf

Unser wahres Erbe

Der Kosmos ist voll kostbarer Edelsteine.
Heute morgen möchte ich dir eine Handvoll davon schenken.
Jeder Augenblick deines Lebens ist ein kostbarer Stein,
der durch Erde und Himmel,
Wasser und Wolken
strahlt und alles enthält.

Ganz sanft mußt du atmen,
damit sich die Wunder offenbaren.
Auf einmal hörst du die Vögel singen,
und auch die Kiefern stimmen ein,
du siehst den blauen Himmel,
die weißen Wolken,
das Lächeln und den wundervollen Blick
des Menschen, den du liebst.

Du, die reichste Person auf Erden, die du
herumgeirrt bist und für deinen Lebensunterhalt
hast betteln müssen,
hör auf, das notleidende Kind zu sein.
Komm wieder und fordere dein Erbe ein.

Wir sollten unser Glück genießen
und es allen anderen schenken.
Bewahre diesen Augenblick.
Laß den Strom von Kummer und Elend los
und nimm das Leben ganz in deine Arme.

Thich Nhât Hanh

Die Dichter verhelfen uns dazu, eine so expansive Freude am Schauen in uns zu entdecken, daß wir mitunter vor irgendeinem nahen Gegenstand die Erweiterung unseres inneren Raumes erleben.

Gaston Bachelard

Glücklicher Tagesanbruch,
schimmernd in deinen heitren Erwartungen,
die mit Gold überziehen die Schroffen und die Schlünde
des Unheils;
wieviel erquicklicher noch für den Körper, den Geist
der klare Duft deiner sichtbaren Blüte
als der unsagbare Duft, der zurückblieb
- gleich dem Hauche eines entschwundnen Balsams -
von der Blüte der Nacht, ein Duft
mit all der Leidenschaft des Unsichtbaren!

Augenblickliche Süße des Lebendigen,
womit die Wirklichkeit – noch kaum erwacht! -
den Traum übertrifft!

Juan Ramón Jiménez

Ein See von reinstem Kristall

Manchmal sind wir auf gesunde Art geläutert und beruhigt wie nie zuvor im Leben, nicht durch ein Schlafmittel, sondern durch unbewußten Gehorsam gegenüber den allgerechten Gesetzen, so daß wir wie ein stiller See von reinstem Kristall werden, und mühelos offenbaren sich uns unsre Tiefen. Die ganze Welt geht vorüber und spiegelt sich in unserem Grund. Solche Klarheit! Errungen mit solch reinen Mitteln! Durch einfaches Leben, durch ehrliche Absicht. Wir leben und jubeln. Ich erwachte in einer Musik, die außer mir niemand hörte. Wem soll ich dafür danken? Lust der Weisheit! Lust der Tugend! Gibt es Maßlosigkeit in diesen Dingen? Ich spüre, wie mein Schöpfer mich segnet. Der ist bei Sinnen, für den die Welt ein Musikinstrument ist. Eine leise Berührung schon schenkt innige Freude.

Henry D. Thoreau

Es ist die Dankbarkeit meines Herzens, die mich Gott jeden Tag erfinden läßt. Vom Augenblick des Erwachens an staune ich, daß ich bin, und verwundre mich ohne Ende. Warum verursacht das Versiegen eines Schmerzes weniger Freude, als das Schwinden einer Freude Kummer macht? Weil du dich des Glücks erinnerst, das dir das Unglück raubt, während es dir inmitten des Glücks nicht einfällt, an die Schmerzen zu denken, die dir erspart bleiben. Weil es in deiner Natur liegt, glücklich zu sein.

André Gide

Der Schlüssel für dauerhaftes Glück

Normales Glück hängt vom Zufall ab. Freude ist jenes außergewöhnliche Glück, das nichts mit dem zu tun hat, was uns gerade passiert. Glücksumstände können uns zwar glücklich machen, uns aber keine dauernde Freude schenken. Die Wurzel von Freude ist Dankbarkeit. Wir neigen dazu, die Verbindung von Freude und Dankbarkeit mißzuverstehen. Wir bemerken, daß freudige Menschen dankbar sind und nehmen an, daß sie wegen ihrer Freude dankbar sind. Aber das Gegenteil ist wahr: Ihre Freude entspringt ihrer Dankbarkeit. Wenn man alles Glück der Welt besitzt, es aber nicht als Geschenk betrachtet, dann wird es einem keine Freude schenken. Doch selbst ein Mißgeschick wird denen Freude schenken, denen es gelingt, dafür dankbar zu sein. Wir halten die Schlüssel für dauerhaftes Glück in unseren Händen. Denn es ist nicht Freude, die uns Glück schenkt; es ist Dankbarkeit, die uns erfreut.

David Steindl-Rast

*D*as Bedürfnis der Dankbarkeit hat mich gelehrt, aus allem, was mir geschieht, Glück zu schaffen.

André Gide

Hans im Glück

*H*ans hatte sieben Jahre gedient und wollte nun wieder nach Haus, zur Mutter. Und da er sehr brav gewesen war, belohnte sein Meister ihn fürstlich. Er gab ihm einen Klumpen Gold; der war so dick wie Hansens Schädel. Hans knüpfte den Schatz in ein Tuch, warf die kostbare Last über die Schulter – und war sehr glücklich.

Mit der Zeit aber spürte er, daß das goldene Gepäck ihn ganz schrecklich drückte. Da war er nicht mehr zufrieden. Und es kam ein Reitersmann daher. Wie herrlich ist so ein Pferd! Man braucht nicht zu Fuß zu gehen. Man kann einfach sich tragen lassen. Man stößt sich nicht an spitzen Steinen. Man nutzt seine Schuhe nicht ab. Hans tauschte das Gold gegen das Pferd – und war sehr glücklich.

Plötzlich ritt ihn der Teufel. Er spornte das Tier. Es warf ihn ab. Da war er nicht mehr zufrieden mit dem Pferd. Und es kam ein Bauer daher mit einer Kuh. Wie herrlich ist so eine Kuh! Man kann gemächlich hinter ihr herspazieren; und wenn es einen gerade gelüstet, hat man Milch und Butter und Käse. Hans tauschte das Pferd gegen die Kuh – und war sehr glücklich.

Mittlerweile war es recht heiß geworden. Man brauchte eine ganze Stunde, um über das Moor zu kommen. Die Zunge klebte einem am Gaumen. Aber gerade dafür hatte er ja die Kuh. Er band sie also an einen Baum und hielt ihr seine lederne Kappe unter, doch nicht ein einziger Tropfen Milch war aus ihr herauszubekommen.

Schließlich wurde das Tier noch ganz ungemütlich und versetzte ihm mit dem Hinterbein einen solchen Tritt gegen den Kopf, daß Hans nicht wußte, wo er war. Da war er nicht mehr zufrieden mit der Kuh, und es kam ein Schlächter daher mit einem jungen Schwein. Wie herrlich ist so ein Schwein! Schweinefleisch schmeckt viel besser als Rinderbraten. Und dann diese Schweinewürste! Hans tauschte das Ferkel gegen die Kuh – und war sehr glücklich.

Jetzt kam einer des Weges mit einer Gans, die seit acht Wochen Fettlebe gemacht hatte. Wie herrlich ist so eine Gans! Und das ist eine ganz unverdächtige Gans – während sein Schweinchen, wie er nun hören muß, dem Bürgermeister der Nachbarschaft gestohlen worden war. Da war er nicht mehr zufrieden mit dem Schwein. Er genoß schon im voraus den Gänsebraten und das Gänseschmalz und die weißen Federn der Gans, aus denen man das weichste Kissen verfertigen kann. Er tauschte das gefährliche Schwein gegen die vielversprechende Gans – und war sehr glücklich.

So kam er an das letzte Dorf vor der Heimat. Da stand ein fröhlicher Scheren-Schleifer. Der war glänzend aufgelegt, weil, wie er Hans erzählte, Handwerk so einen goldenen Boden habe. Da war Hans nicht mehr zufrieden mit der Gans. Er tauschte sie gegen zwei Schleifsteine – und war sehr glücklich.

Die Steine wurden schwerer bei jedem Schritt. Er wurde müde und hatte großen Durst. Da war er nicht mehr zufrieden mit den Steinen. Schließlich fand er einen Brunnen, legte seine Habe auf den Rand und beugte sich nieder zum Trunk. Mit einer ungeschickten Bewegung stieß er die Steine in die Tiefe – und war sehr glücklich. Und kniete nieder und dankte seinem Schöpfer, Tränen des Glücks in den Augen. Und sagte zu sich: ich bin ein Sonntags-Kind; immer, wenn etwas schief zu gehen drohte, kam der Richtige des Wegs.

Leichten Herzens, frei von jeder Bürde, kam er glücklich zu Hause an. Und hier endet die Geschichte von „Hans im Glück" (...)

Die Geschichte des Hans ist ganz radikal; denn er ist zum Schluß noch glücklich – ohne jede sichtbare Ursache. Als Hans auch noch die Schleifsteine verlor, war weit und breit nichts mehr zu sehen, was ihm hätte Glück schenken können.

Und deshalb ist es auch gar nicht ausgeschlossen, daß dieser Hans, falls er sich sein Reise-Abenteuer später deutete, heillos in die

Irre ging. Wenn er (zum Beispiel) inzwischen zu viele traurige Verse und zu viel düstere Philosophien gelesen haben sollte, bestand die große Gefahr, daß er eines Tages aus seinem Reise-Abenteuer die Lehre zog: also, nichts zu haben – das ist das wahre Glück; am glücklichsten war ich damals am Brunnen, als der Schleifstein, die letzte Verwandlung meines Goldes, ins Wasser plumpste.

Aber Hans, das ist nicht wahr! Du bist nicht glücklicher gewesen, da du die Steine los wurdest, als du vorher gewesen bist, da du das Gold und das Pferd und die Kuh und das Schwein und die Gans und die Steine – erwarbst. Rede nicht nach, was du über den Glanz der Armut gehört hast. Bleibe strikt bei deiner Erfahrung, was immer am weitesten führt. Du hast damals, auf deiner Reise, einen praktischen Kurs in dialektischer Philosophie erhalten – und die Wahrheit gelernt: daß ein Stück Gold oder zwei Stücke Stein einen manchmal glücklich machen und manchmal auch nicht und manchmal sogar unglücklich. Und dann hast du noch gelernt: man kann sogar glücklich sein – ganz ohne äußeren Grund. Das Glück sitzt also nicht eingeschlossen in Diesem oder Jenem – das hast du gelernt, lieber Hans. Das Glück liegt in dir – das ist die Lektion, die deine Reise dir erteilt hat.

Ludwig Marcuse

Lerne loszulassen! Das ist der Schlüssel zur Glückseligkeit.

Buddhistische Weisheit

Auf Begierde soll man verzichten, nicht aber auf Freude.

Hazrat Inayat Khan

Der Verzicht auf die Freude kommt einer Bankrotterklärung gleich, einer Art Abdankung, der Feigheit.

André Gide

Wo wir sind, nicht wo wir sein möchten, ist der Ort, an dem wir anfangen müssen. Und auch hier kann Überraschung zum auslösenden Funken werden. Was hilft dir, dich wohlzufühlen? Körpertraining? Harmonie zu Hause? Die Gelegenheit, anderen zu helfen? Was immer es sein mag, ihm liegt Überraschung zugrunde. Wann immer unsere Gefühle jene „Frische tief im Innern der Dinge" berühren, erzittern sie mit jugendlicher Freude. Wenn wir damit anfangen, Freude voll dort auszukosten, wo es uns heute gelingt, dann werden immer weitere Bereiche wieder jung und frisch werden und reagieren.

David Steindl-Rast

Die gewöhnlichen Ereignisse

Ich möchte immer so leben, daß meine Zufriedenheit und meine Inspiration von den gewöhnlichsten Ereignissen, den alltäglichen Phänomenen kommen, so daß meine Sinneswahrnehmungen zu jeder Stunde, mein täglicher Spaziergang, das Gespräch mit den Nachbarn mich inspirieren und ich von keinem anderen Himmel träume als von dem, der mich umgibt. Es kann sich ein Mensch angewöhnen, lieber Wein oder Schnaps zu trinken als Wasser, doch sollten wir ihn nicht bemitleiden?

Der Anblick einer Kornweihe in den Wiesen von Concord ist mir mehr wert als der Einmarsch der Alliierten in Paris. In diesem Sinn bin ich ohne Ehrgeiz. Ich möchte nicht, daß meine heimatliche Erde sich erschöpft und durch Vernachlässigung aufbraucht. Nur das Reisen ist gut, das mir den Wert der Heimat offenbart und mich in die Lage versetzt, sie mehr zu genießen. Der ist der Reichste, dessen Freuden am wenigsten kosten.

Henry D. Thoreau

Das ist das Herrliche an jeder Freude, daß sie unverdient kommt und niemals käuflich ist.

Hermann Hesse

Verbeugungen

Als ich vor nahezu fünfundzwanzig Jahren als Mönch in den Wäldern Thailands lebte und praktizierte, lernten wir, uns beim Betreten und Verlassen des Tempels dreimal zu verbeugen. Das Verbeugen war eine ganz neue Erfahrung für mich. Ich lernte auch, mich beim Betreten und Verlassen der Eßhalle, der Wohnung des Lehrers und meiner eigenen Hütte zu verbeugen. Und schließlich lehrte man mich, daß es sich für einen Mönch gehöre, niederzuknien und sich dreimal zu verbeugen, wenn er einem älteren Mönch begegnet. Wenn man neu ordiniert ist, bedeutet das, sich vor jedem Mönch zu verbeugen, dem man begegnet. Am Anfang war das schwierig. Es gab Mönche, die ich respektierte und verehrte, und bei ihnen fiel mir das Verbeugen leicht; aber nicht selten mußte ich niederknien und mich vor Mönchen verbeugen, die ich für ignorant, stolz oder unwürdig hielt. Daß ich mich vor ihnen verbeugen mußte, nur weil sie einen oder zwei Monate vor mir ordiniert worden waren, verletzte meinen Stolz. Dennoch verbeugte ich mich brav im Tempel, in meiner Hütte und vor allen Mönchen, die sich mir präsentierten. Nach einiger Zeit begann ich, den Schmerz an meiner eigenen Kritikfreudigkeit und das durch sie erzeugte innere Getrenntsein zu spüren. Ich richtete meinen Blick nun mehr auf das, was schön oder edel oder wertvoll an jedem war, dem ich begegnete. Und schließlich begann ich, sogar Freude am Verbeugen zu finden. Ich verbeugte mich vor allen Mönchen und Tempeln, vor allen meinen Brüdern und Schwestern, vor den Bäumen und vor den Felsen. Das Verbeugen wurde zu einer wunderschönen Art, zu sein. Wenn wir Nähe zu uns selbst gefunden haben, sind wir fähig, uns vor allem, was uns umgibt, zu verbeugen und es zu segnen. Das ist die Erleuchtung, die allem nahe ist. Es ist Freiheit und ein Glück ohne Ursache, und jeder Augenblick und alles, was wir tun, wird davon bestimmt.

Jack Kornfield

Freude und Offensein kommen von unserem eigenen zufriedenen Herzen.

Buddhistische Weisheit

Das Herz berühren

Wenn wir uns nicht glücklich fühlen, so liegt das daran, daß wir vergessen, daß bereits gesunde Augen ein Grund zum Glücklichsein sind. Wir brauchen uns nur ins Gras zu setzen, unsere Augen zu öffnen und mit Achtsamkeit zu schauen. Dann erkennen wir das Paradies der Formen und Farben. Wir können allen Dingen zulächeln. Das ist eine der Grundvoraussetzungen für das Glück. „Ich atme ein und bin mir meiner Augen bewußt. Ich weiß, daß meine Augen in guter Verfassung sind. Ich atme aus und lächele meinen Augen glücklich zu."

Meditation ist nichts Schwieriges, sondern etwas Angenehmes. Sie schenkt uns Einsicht, Bewußtheit. Sie hilft uns die Faktoren des Glücklichseins zu erkennen, die uns im Hier und Jetzt zur Verfügung stehen.

Ein weiteres Beispiel: „Ich atme ein und bin mir meines Herzens bewußt. Ich atme aus und lächele meinem Herzen zu." Wenn du in dieser Weise nur zehn Sekunden lang praktizierst, wird dir klar, wie glücklich du dich schätzen kannst, daß dein Herz normal funktioniert. Du kannst dich freuen, denn viele Menschen haben kranke Herzen und leiden. Sie fürchten sich vor einem Herzinfarkt oder einem Schlaganfall. Ihr sehnlichster Wunsch ist es, ein gesundes Herz zu haben, so wie wir. Wenn wir unser Herz berühren – nicht mit den Fingern, sondern mit unserer Achtsamkeit („Ich atme ein und bin mir meines Herzens bewußt"), wird uns klar, welch ein Schatz es ist, ein gesundes Herz zu haben.

Thich Nhât Hanh

Warum irrst du, o Herz, umsonst umher? So ruhe doch irgendwo aus! Wie alles sich von selbst gestaltet, so wird es, nicht anders. Des Vergangenen sollst du nicht gedenken und auch über das Zukünftige dir keine Gedanken machen: Genieße hier die Freuden, die unerwartet gehen und kommen.

Bhartrhari

Der junge Gott aus dem Kramladen

In Vietnam gibt es außergewöhnlich heftige Regenfälle. Eines Tages saß ich im Hause eines Freundes am Fenster und beobachtete einen Vorgang, dem ich immerfort hätte zuschauen mögen. Auf der gegenüberliegenden Straßenseite gab es in einem Haus mit tief herabgezogenem Dach einen Kramladen. An den Dachrinnen hingen Rollen mit Tauwerk und Stacheldraht, Töpfe und Pfannen. Hunderte von Artikeln waren ausgestellt: Fischsoße, Sojasoße, Kerzen, Erdnußpralinen und vieles andere. Der Laden war so vollgestopft und schlecht beleuchtet, daß es schwer war, den einen Gegenstand von dem anderen zu unterscheiden, als die Regenwolken den Himmel verdunkelten. Auf einem Hocker auf der Eingangsstufe zum Laden saß ein kleiner Junge, nicht älter als fünf oder sechs Jahre. Er trug einfache kurze Hosen, und seine Haut war vom langen Spielen in der Sonne gebräunt. Vom Vorsprung des Daches geschützt, aß er aus einem Schälchen Reis. Der Regen rann vom Dach herunter und bildete vor dem Platz, an dem er saß, große Pfützen. Er hielt das Schüsselchen mit Reis in der einen Hand und in der anderen seine Eßstäbchen. Er aß langsam, seine Augen waren fest auf das vom Dach strömende Wasser gerichtet. Große Tropfen zerplatzten zu Blasen auf der Oberfläche der Pfützen. Obwohl ich von der gegenüberliegenden Straßenseite aus den Jungen beobachtete, war mir klar, daß sein Reis mit Enteneierstückchen und Fischsoße vermengt war. Er führte seine Stäbchen langsam zum Mund hin und genoß sichtlich auch den kleinsten Bissen. Er staunte den Regen an und war offensichtlich vollkommen zufrieden – ein Bild des Wohlbehagens. Ich konnte fühlen, wie sein Herz schlug. Seine Lunge, sein Magen, seine Leber und alle anderen Organe arbeiteten in perfekter Harmonie miteinander. Hätte er Zahnschmerzen gehabt, so hätte er sich des Friedens dieses Augenblicks nicht so erfreuen können. Ich betrachtete ihn so, wie man vielleicht ein kostbares Juwel, eine Blume oder einen Sonnenaufgang bewundert. Die Wahrheit und das Paradies offenbarten sich mir. Ich war völlig gefesselt von dem Anblick des Kindes. Es schien mir ein himmlisches Wesen zu sein, ein junger Gott, der mit jedem Augenaufschlag und jedem Bissen Reis, den er zu sich nahm, seliges Wohlsein verkörperte. Er war vollkommen frei von Angst und Sorgen. Der Gedanke, arm zu sein, war ihm fremd. Er verglich seine einfachen schwarzen Shorts nicht mit den modischen Kleidern anderer Kinder. Er war nicht traurig darüber, daß er keine Schuhe besaß. Es machte ihm nichts aus, auf einem harten Hocker zu sitzen und nicht auf einem Polsterstuhl. Ihn verlangte nach nichts. Er war in völliger Harmonie mit dem Augenblick. Ihn zu betrachten, reichte aus, um meinen Körper vom gleichen Wohlgefühl erfüllt sein zu lassen.

Ein violetter Schatten huschte über die Straße. Aufgeschreckt von der unerwarteten, verschwommen wahrgenommenen Farbimpression, schaute der Junge kurz hoch, um seinen Blick sogleich wieder den auf der Pfütze tanzenden Wasserbläschen zuzuwenden. Achtsam kaute er Reis und Ei, und gebannt beobachtete er den Regen. Zwei vorübergehenden jungen Frauen mit Regenschirmen, in rote und purpurfarbene *ao dai* gekleidet, schenkte er keine Beachtung. Plötzlich drehte er sich um und schaute die Straße hinunter. Er lächelte und war von etwas Neuem so gefangengenommen, daß auch ich mich umdrehte, um zu sehen, was ihn so fesselte. Zwei kleine Kinder zogen einen Leiterwagen, in dem ein drittes Kind saß, durch die Pfützen. Die drei waren splitternackt und juchzten, wenn das Wasser hoch aufspritzte. Ich schaute zurück zum Jungen auf der Eingangsstufe. Er hatte aufgehört zu essen, um die Kinder zu beobachten. Seine Augen strahlten. Ich glaube, meine Augen spiegelten dieses Strahlen wider; ich freute mich genauso wie er. Vielleicht war meine Freude nicht ganz so groß wie die des Knaben, vielleicht aber war sie sogar noch größer, denn ich war mir ja bewußt, wie glücklich ich war.

Thich Nhât Hanh

Das Ende des Regens

Der Regen hat aufgehört. Die Nachmittagssonne fällt schräg durch die Kiefernbäume; und wie würzig duften diese nutzlosen Nadeln in der klaren Luft! Ein Löwenzahn, viel zu spät in dieser Jahreszeit, hat sich zwischen den zerknitterten Blättern der Spätsommerlilien ans

Licht gedrängt und zur Blüte entfaltet. Das Tal ist erfüllt vom völlig uninformativen Geplauder von Bächen und Wildwassern.

Jetzt beginnen die Wachteln in den feuchten Büschen zart zu pfeifen. Ihr Laut ist absolut nutzlos, und ebenso die Freude, die ich daran habe. Ich würde nichts lieber hören. Nicht weil dieses Geräusch schöner wäre als andere Geräusche, sondern weil es die Stimme des gegenwärtigen Augenblicks, des gegenwärtigen Festes ist.

Thomas Merton

Ein Stück vom Regenbogen

Wenn Tag und Nacht so sind, daß du sie mit Freuden begrüßt und das Leben einen Duft ausströmt wie Blumen und wohlriechende Kräuter, wenn es elastischer wird, sternenreicher und unsterblicher – das ist dein Erfolg. Die ganze Natur bringt dir ihre Glückwünsche dar, und du hast so manches Mal Grund, dich seligzupreisen. Der größte Gewinn und die höchsten Werte werden am wenigsten geschätzt. Wir zweifeln leicht daran, ob sie überhaupt existieren. Wir vergessen sie bald. Sie sind die höchste Wirklichkeit. Vielleicht teilen die Menschen sich die erstaunlichsten und wirklichsten Tatsachen niemals mit. Die wahre Ernte meines täglichen Lebens ist etwas so Unfaßliches und Unbeschreibliches wie das Morgen- und Abendlicht. Ich habe ein wenig Sternenstaub, ein Stückchen vom Regenbogen erhascht.

Henry D. Thoreau

Schnee

Die Dämmerung, die sich auf den Schnee senkt, füllt mich mit einer starken Erregung … Fangarme schwarzer Freude umschließen mein Herz. Es erschwert sich plötzlich etwas, die durchdringende Empfindung des Abends und des Winters. Ich bin allein auf diesem kalten Bahrtuch der Erde. Die Bäume sind größer und dunkler. Der lange Pelz des Schnees gleitet unter dem schwarzen Himmel dahin. Und jetzt befällt mich der große Atemhauch der Vorgeschichte. Es würde mich nicht erstaunen, den mit einem Tierfell umgürteten Cromagnon-Ahnen jagen zu sehen. Es schwebt etwas wie eine Keule über den Wäldern. Ich fühle die Einsamkeit der Tiere. Ich höre ihre Rufe in der Dämmerung. Eine Kraft reißt mich hin, eine eisige Energie. Nie habe ich seither dieses Gefühl der Allmacht verspürt. Ich bin allein, ich frohlocke. Ich zittere, meine Augen glänzen. Der Geist lebt in mir, die Quelle des Lebens. Ich halte inne. Ich lausche angespannt. Ich atme diesen Hauch ein, in dem sich Meer und Wald vermengen … ganz durchwirkt mit Dunkelheit und Kristall. Ich betrachte wieder unablässig den Schnee, mit Hingabe. Von neuem liebkose ich sein Polarfell. Der Schnee verzweigt sich in meinem Leib, ein Baum mit schwarzen und weißen Ästen. Es ist mir heiß in dem schönen Gezweig. Ich glühe ganz vor Liebe zur Welt, als ich zum Haus von Yolande hinuntergehe.

Patrick Grainville, „Die Orgie, der Schnee“

Wer nie allein ist, kennt die Freude des Alleinseins nicht.

Hazrat Inayat Khan

Alleinsein

Samstag. Diese Freude, allein zu sein. Was ist das? Ich fühle mich so fröhlich, ruhig und friedlich – das ganze Haus scheint aufzuatmen. Das Mittagessen ist fertig. Ich habe ein gebratenes Ei, Aprikosen und Sahne, Käsesticks und schwarzen Kaffee. Wie köstlich! Eine Kindermahlzeit! Mutter teilt sie mit mir. Athenäum (der Kater) schläft und erwacht auf dem Studiosofa. Er bekommt einen Löffel Rahm – dann versteckt er sich unter den Sofafransen und streckt ein Pfötchen aus nach meinem Finger. Ich sammle die welken Blätter, die von der Pflanze in der großen weißen Schale gefallen sind, und da auch ich mit etwas spielen *muß*, nehme ich eine Orange mit in mein Zimmer, werfe und fange sie wieder, während ich hin und her gehe …

Katherine Mansfield

Der neue Morgen

Wäre es nicht möglich, wir erhöben uns jeden Morgen mit der Gewißheit, es werde auch dieser Tag und jeder, der nach ihm kommt, eine Lebenserhöhung bringen? Irgendeine Entdeckerfreude: ein Nützliches und Beglückendes für uns wie für andere – etwas, das Dauer hat –, oder eine fertige Erkenntnis, die gestern schon endgültig erstarrt schien, blüht plötzlich noch einmal überraschend aus, ganz woanders hin, als man je geahnt: eine Erkenntnis, den Weg weisend in eine Fülle dauernder und zugleich harmloser Freuden; irgendein großes, einfaches Naturgesetz, das nun zum ersten Mal zart, lieb und unendlich in einer „Kleinigkeit", wie man bis jetzt zu sagen pflegte, offenbar wird: dem Fallen eines Blattes, der Färbung eines Seetieres. – Die Natur unterbreitet dem Lebendigen ja unaufhörlich Myriaden von Vorschlägen, je nachdem es die Vorschläge angenommen oder abgelehnt hat, ist ein Elefant – eine Blindschleiche – ein Adler – eine Palme – ein Bankdirektor – ein Heiliger daraus geworden. Die Qualle (ohne ihr nahetreten zu wollen) hatte noch relativ wenig Organe, mit ihnen eine nennenswerte Menge aus diesen Myriaden von Vorschlägen wählen zu können – und es ist *doch* gegangen. Wir mit unserem weit größeren Empfindungs-, Prüfungs-, Denkfeld, wie könnte für uns jeder neue Morgen erfüllt und reich sein, läge die große empfindliche Membran unseres Geistes diesen Propositionen der Natur frei!

Prentice Mulford

Den Möglichkeiten des Glücks entgegen

Die Vorfreude

Vorfreude auf Weihnachten

Ein Kind – von einem Schiefertafel-Schwämmchen
Umhüpft – rennt froh durch mein Gemüt.

Bald ist es Weihnacht! – Wenn der Christbaum blüht,
Dann blüht er Flämmchen.
Und Flämmchen heizen. Und die Wärme stimmt
Uns mild. – Es werden Lieder, Düfte fächeln -
Wer nicht mehr Flämmchen hat, wem nur noch Fünkchen glimmt,
Wird dann doch gütig lächeln.

Wenn wir im Traume eines ewigen Traumes
Alle unfeindlich sind – einmal im Jahr! -
Uns alle Kinder fühlen eines Baumes.

Wie es sein soll, wie's allen einmal war.

Joachim Ringelnatz

Keinen Jäger hat je die beschleunigte Flucht eines ersehnten Wildes mehr bedrückt und berauscht als uns die hochaufgerührten Gedanken, denen wir uns zitternd in Vorfreude hingeben; je mehr wir sie besitzen, je leichter wir sie lenken, desto tiefer, unwiderstehlicher fühlen wir uns an sie gekettet.

Marcel Proust

Es kommt der Augenblick des Aufbruchs. Ich möchte den festhalten, der ihm unmittelbar vorausgeht ... um mich noch einmal in diese schwindende Nacht hinein zu neigen, unendlichen Möglichkeiten des Glücks entgegen.

André Gide

Himmel auf Erden

Fieber. Verliebtheit. Sein ausnehmend schönes Gesicht jetzt für mich allein. Wir bogen in die Via del Duomo, ich sah ihn ermutigend an. Glaub mir, es gibt einen Himmel auf Erden. Zum Beispiel jetzt. Unter meinen Füßen schwankte der Boden. All meine Sorgen ruhten. Mein Hunger zerfraß mich nicht mehr, sondern nährte mich. Meine Sehnsucht war kein Kummer, sondern Genuß. Gleich würde sich auch mein Durst in eine schöne Gewißheit verkehren: Schenk mir das Glas voll. Umarme mich.

Ich warf einen Blick auf die kalte, dämmerige Stadt. Alles außerhalb dieser Kutsche war Unterwelt, nebelhaft, unübersehbar. Alles hier drinnen: Terra incognita. Was würden wir, ganz zufällig, entdecken? Gasparo trug einen dicken Mantel und einen Dreispitz. Ich hatte ihn etwas über das Konzert gefragt. Während ich ihm zuhörte, dachte ich: Wir sind auf dem Weg zu deinem Haus und – du kannst mir sagen, was du willst – deinem Bett. Am heikelsten beim Liebesspiel finde ich die Kleider, die müssen, jedenfalls teilweise, weg. Das Wie ist dabei nicht ohne Bedeutung. Ich weiß, daß es manchmal von Vorteil sein kann, mein strammsitzendes kirschrotes Mieder etwas länger als unbedingt nötig anzubehalten.

Margriet de Moor, „Der Virtuose“

Komm, mein Geliebter, wandern wir auf das Land, schlafen wir in den Dörfern.
Früh wollen wir dann zu den Weinbergen gehen und sehen, ob der Weinstock schon treibt,
ob die Rebenblüte sich öffnet, ob die Granatbäume blühen. Dort schenke ich dir meine Liebe.
Die Liebesäpfel duften; an unsrer Tür warten alle köstlichen Früchte, frische und solche vom Vorjahr; für dich hab' ich sie aufgehoben, Geliebter.

Das Hohelied, 7,12-14

Die Liebeserklärung

Er wollte beim Hineinkommen etwas in der Hand halten. Blumen? Ja, Blumen, da er seinem Geschmack, was Gold anging, nicht traute; jede Menge Blumen, Rosen, Orchideen, um zu feiern, was, wie immer man die Dinge einschätzte, ein Ereignis war; dieses Gefühl für sie, als sie beim Lunch von Peter Walsh sprachen; und sie sprachen nie davon; seit Jahren hatten sie nicht davon gesprochen; was, dachte er, seine roten und weißen Rosen packend (einen riesigen Strauß in Seidenpapier), der größte Fehler der Welt ist. Die Zeit kommt, wo es nicht mehr gesagt werden kann; man ist zu scheu, es zu sagen, dachte er, steckte ein oder zwei Sixpence Wechselgeld ein und machte sich, den großen Strauß an seinen Leib gedrückt, auf den Weg nach Westminster, um ihr geradeheraus wortreich (was immer sie über ihn denken mochte), seine Blumen hinhaltend, zu sagen, „Ich liebe dich". Warum nicht? Wirklich, es war ein Wunder, wenn man an den Krieg dachte, und die Tausende von armen Kerlen, ihr ganzes Leben noch vor sich, zusammengeschaufelt, schon halb vergessen; es war ein Wunder. Hier ging er quer durch London, um Clarissa wortreich zu sagen, daß er sie liebe. Was man niemals sagt, dachte er. Teils ist man faul; teils ist man scheu. Und Clarissa – es war schwer, an sie zu denken; außer plötzlich, wie beim Lunch, als er sie ganz deutlich sah; ihr ganzes gemeinsames Leben. Er blieb an der Kreuzung stehen; und wiederholte – denn er war von schlichter Natur, und unverdorben, weil er gewandert und auf die Jagd gegangen war; denn er war hartnäckig und verbissen, hatte die Niedergetretenen verteidigt und war im Unterhaus seinen Instinkten gefolgt; denn er hatte seine Schlichtheit bewahrt, war aber gleichzeitig ziemlich wortkarg, ziemlich steif geworden – er wiederholte, daß es ein Wunder war, daß er Clarissa hatte heiraten können; ein Wunder – sein Leben war ein Wunder gewesen, dachte er; zögernd, die Straße zu überqueren. Aber es brachte sein Blut zum Sieden, wenn er kleine Wesen von fünf oder sechs Piccadilly allein überqueren sah. Die Polizei hätte den Verkehr sofort stoppen müssen. Er hatte keine Illusionen über die Londoner Polizei. Er sammelte geradezu Beweise für ihre Mißgriffe; und diese fliegenden Händler, denen nicht gestattet war, ihre Handkarren auf der Straße aufzustellen; und Prostituierte, du lieber Gott, es war ja nicht ihre Schuld, noch die der jungen Männer, sondern unseres verabscheuenswerten sozialen Systems, und so weiter; all das bedachte er, Bedenken, die man ihm ansehen konnte, ergraut, verbissen, gepflegt, sauber, wie er durch den Park ging, um seiner Frau zu sagen, daß er sie liebe.

Virginia Woolf, „Mrs. Dalloway"

Was ist es, das einen so bewegt? Was ist dieses Suchen – so freudig – ah, so sanft! Und es scheint ein Augenblick zu kommen, da alles offenbar werden wird. Ja, das ist das Gefühl …

Katherine Mansfield

Vorfreude ist freie Imagination

Die Vorfreude ist eine ganz besondere Freude. Sie hat etwas zu tun mit Erwartung und Hoffnung, mehr noch mit Erwartung. Wir freuen uns auf etwas Schönes in der Zukunft, das hoffentlich eintreffen wird. Erwartung ist ein gerichtetes, intentionales Gefühl. Wenn das Erwartete nicht eintrifft, sind wir enttäuscht. Hoffnung ist als bloße Erwartung ein viel breiter angelegtes Gefühl des Getragenwerdens vom Leben (…)

Vorfreude lebt in der Zukunft, sie lebt auch von ihr. Die Vorfreude ist im Grunde genommen eine freie Imagination, ausgelöst von einem vorweggenommenen Anlaß. Sie ist ganz nahe bei der Sehnsucht, ganz nahe bei unseren Wünschen, ganz nah bei unserer Erwartung. Deshalb eben riskant. Aktuelle Freude oder Freudenerinnerung, das ist im Grunde genommen Vergangenheit, die wir wieder zur Gegenwart machen. Wir haben für unsere Imagination eine Grundlage: etwas, das wir wirklich erlebt haben. Auch in der Erinnerung an erlebte Freuden verändern wir, aber in der Vorwegnahme eines Ereignisses, von dem wir uns Freude versprechen, sind vergleichsweise viel mehr Freiheitsgrade enthalten als in jeder wieder hergeholten Erinnerung; da kann man sich sehr viel mehr ausmalen, wie man es gerne hätte. Deshalb kann die Vorfreude andererseits auch eine Quelle von größter Enttäuschung sein.

Verena Kast

*U*nd ich habe mich so gefreut! sagst du vorwurfsvoll, wenn dir eine Hoffnung zerstört wurde. Du hast dich gefreut – ist das nichts?

Marie von Ebner-Eschenbach

Diese drei Tage

*D*iese drei Tage
Vom Tod bis zum Grabe
Wie frei werd ich sein
Hierhin und dorthin schweifen
Zu den alten Orten der Freude

Auch zu euch
Ja auch zu euch
Merkt auf
Wenn die Vorhänge wehen
Ohne Windstoß
Wenn der Verkehrslärm abstirbt
Mitten am Tage
Horcht

Mit einer Stimme die nicht meine ist
Nicht diese gewohnte
Buchstabiere ich euch
Ein neues Alphabet

In den spiegelnden Scheiben
Lasse ich euch erscheinen
Vexierbilder
Alte Rätsel
Wo ist der Kapitän?
Wo sind die Toten?
Dieser Frage
Hingen wir lange nach

Zur Beerdigung meiner
Wünsche ich mir das Tedeum
Tedeum laudamus
Den Freudengesang
Unpassender-
Passenderweise

Denn ein Totenbett
Ist ein Totenbett mehr nicht
Einen Freudensprung
Will ich tun am Ende
Hinab hinauf
Leicht wie der Geist der Rose

Behaltet im Ohr
Die Brandung
Irgendeine
Mediterrane
Die Felsenufer
Jauchzend und donnernd
Hinab
Hinauf.

Marie Luise Kaschnitz

Auch der Standard der Freude sollte von Jahr zu Jahr wachsen dürfen und das Morgen immer reizvoller als das Gestern wirken.

Prentice Mulford

Erinnerungen, die Funken sprühen

Von der Wiedererweckung vergangener Freuden

Woher nehm ich Worte für dich und den Sommer, Worte
für den plötzlichen Hagel am Mittag
der die Obstbäume drosch auf dem Hügel
atemlose Worte für den Tisch, der noch eben
heiß in der Sonne stand
und wir rannten ins Haus, der Hagel füllte die Teller
Suppenteller voll Hagel und ein durchnäßter Seidenshawl!

Christoph Meckel

Die Straßen von Paris

Ich selbst brauche nur an irgendeinen gewöhnlichen Tag aus jenen zehn herrlichen Jahren in Frankreich zurückzudenken. Ich brauche nur daran zu denken, was mich begrüßte, wenn ich am Morgen vor die Tür trat. Ich spreche jetzt nicht von den Kathedralen, den Schlössern, den königlichen Gärten, den Museen und Bibliotheken. Ich rede von Kleinigkeiten, von den schlichten Dingen des Alltags. Ich spreche zunächst einmal von der Straße, von ihrem Aussehen um acht Uhr morgens. Sie sieht verschlafen aus, und der graue Himmel verschönt sie nicht. Die Fassaden der Häuser sind verwittert und verblaßt, schrecken aber nicht ab. In der Concierge-Loge singen schon die Kanarienvögel oder nehmen ihr Bad. Die Trottoirs sind von Bäumen gesäumt, und die Vögel schilpen wie wild. Der Duft frischgebackenen Brotes grüßt die Nüstern, die Stände sind voll von Früchten, der Metzger hat seine verlockendsten Stücke ausgestellt. Die Leute tragen ihre Einkäufe in beiden Armen nach Hause. Der Mann im Kiosk verkauft die Morgenausgaben. Es ist friedlicher, eintöniger Alltag, die Nerven beruhigend. Der Tag beginnt nicht mit einem Knall, er schleicht sich ein wie ein junges Mädchen, das die ganze Nacht ausgeblieben ist. Ich gehe von Laden zu Laden und suche mir aus, was ich brauche. Das tue ich für jede Mahlzeit. Gelegentlich esse ich auch in einem der umliegenden Restaurants zu Mittag. Auf dem Heimweg mache ich manchmal halt, um dem Mann im Kiosk meine Aufwartung zu machen; ich kaufe ein Buch, das er empfiehlt, nur um das Vergnügen zu haben, ein wenig länger mit ihm zu plaudern. An der Ecke lasse ich mich für einen schwarzen Kaffee mit einem Schuß Rum nieder. Im Tabakladen mache ich halt, kaufe ein Paket Zigaretten und nehme noch ein Glas. Keine Eile. Der Tag ist unendlich.

Wieder in meinem Zimmer, höre ich einem Grammophon zu, das nebenan spielt. Der Bildhauer gegenüber hackt im Garten auf eine Statue ein. Die ganze Straße ist ruhiger, freudiger Arbeit hingegeben. In jedem Haus gibt es einen Schriftsteller, Maler, Musiker, Bildhauer, Tänzer oder Schauspieler. Die Straße ist so ruhig und trotzdem so betriebsam, auf eine stille, geziemende Weise. Sollte ich nicht auch sagen, auf eine ehrfürchtige Weise? So geht es in meiner Straße zu; aber es gibt in Paris Hunderte solcher Straßen. Eine stehende Armee von Künstlern ist an der Arbeit, die größte, mit der eine Stadt dieser Welt aufwarten kann. Die unübersehbare Zahl von Männern und Frauen, die sich den Dingen des Geistes widmen, machen Paris zu dem, was es ist (...)

Ich erinnere mich jener Armsessel in den billigen Hotels, in denen zu wohnen ich zunächst gezwungen war und die ich später lieben lernte. Die Gebrechlichkeit jener Stühle! Von Drähten, Ledergurten und Nägeln zusammengehalten, waren sie das Symbol der Bewahrung. Die Surrealisten schwärmten für solche Gegenstände – und mit Recht. Sie gehören im seelischen Hausrat zu den intimsten Sehnsuchts- und Erinnerungsstücken. Sie sind tief in den Mauern der Identität eines jeden verborgen. Muß man diese Welt verlassen, dann bilden solche Sachvorstellungen die persönliche Ausstattung, mit der man sich seinen besonderen Platz in der Unterwelt herrichtet.

Henry Miller

Jung sein, voller Kraft sein, eine Reihe leuchtender Tage – das kommt nie wieder! Heiter Glück verbreiten! – Wir wollen uns Erinnerungen machen, die Funken sprühen!

Kurt Tucholsky, „Rheinsberg"

Frühling in Paris

Wenn der Frühling kam, selbst der trügerische Frühling, gab es keine Probleme außer dem, wo man am glücklichsten sein würde. Das einzige, was einen Tag verderben konnte, waren Menschen, und wenn man vermeiden konnte, Verabredungen zu treffen, so war jeder Tag ohne Grenzen. Menschen waren immer die Begrenzer des Glücks, bis auf die sehr wenigen, die so gut waren wie der Frühling selbst.

An den Frühlingstagen arbeitete ich schon zeitig, während meine Frau noch schlief. Die Fenster waren weit offen, und die Pflastersteine der Straße trockneten nach dem Regen. Die Sonne trocknete die nassen Fassaden der Häuser, die den Fenstern gegenüber waren. Die Geschäfte hatten noch die Rolladen vor. Der Ziegenhirt kam die Straße herauf und blies auf seiner Sackpfeife, und eine Frau, die ein Stockwerk über uns wohnte, kam mit einem großen Topf hinaus auf den Bürgersteig. Der Ziegenhirt wählte eine der schwereutrigen schwarzen Milchziegen aus und melkte sie in den Topf, während sein Hund die anderen hinauf auf den Bürgersteig drängte. Die Ziegen blickten umher und drehten die Köpfe wie Touristen. Der Ziegenhirt nahm das Geld der Frau entgegen, bedankte sich und ging die Straße weiter hinauf und blies, und der Hund trieb die Ziegen, deren Hörner auf und ab schnellten, vorwärts. Ich ging wieder an die Arbeit, und die Frau kam mit der Ziegenmilch die Treppe herauf. Sie trug ihre Hausschuhe mit den Filzsohlen, und ich hörte sie nur atmen, als sie auf den Stufen vor unserer Tür stehenblieb, und dann das Schließen ihrer Tür. Sie war die einzige Kundin für Ziegenmilch in unserem Haus.

Ich beschloß, hinunterzugehen und die Morgenausgabe der Rennzeitung zu kaufen. Kein Viertel war zu arm, um nicht wenigstens ein Exemplar einer Rennzeitung zu haben, aber an einem Tag wie diesem mußte man sie früh kaufen. Ich fand eine in der rue Descartes an der Ecke der place Contrescarpe. Die Ziegen gingen die rue Descartes hinunter, und ich atmete die Luft tief ein und ging schnell zurück, um die Treppen hinaufzuklettern und meine Arbeit hinter mich zu bringen. Es war sehr verlockend gewesen, draußen zu bleiben und den Ziegen die frühmorgendliche Straße hinunter zu folgen.

Ernest Hemingway

Sommerabende in Algier

Und dann gibt es die große Stille der Sommerabende. Welche geheimnisvollen Zeichen und Rufe mögen in dieser kurzen Zeitspanne wach werden, da der Tag in die Nacht hinübergleitet, daß sich Algier um diese Stunde so tief in meinem Gedächtnis hat eingraben können? Wenn ich eine Zeitlang diesem Land fernbleibe, erscheinen mir seine Abende wie lauter Versprechungen eines ungreifbaren Glücks. Dann kehrt mein Herz zurück zu den Öl- und Mastixbäumen längs der Wege, die über die stadtbeherrschenden Höhen laufen. Ich sehe den grünen Horizont und die über ihm aufsteigenden Schwärme von schwarzen Vögeln. An dem plötzlich sonnenlosen Himmel breitet sich ein ganzes Volk kleiner roter Wolken aus und löst sich langsam auf. Fast gleich darauf erscheint, nachdem er sich tastend in der Dunkelheit des Himmels geformt und gefestigt hat, der erste Stern. Und dann, mit einem Schlage, ist es Nacht. Was wirkt den Zauber dieser flüchtigen algerischen Abende, daß sie allein so viele Dinge in mir wachrufen? Jene milde Süßigkeit, die sie auf meinen Lippen zurücklassen, ist schon verschwunden in der Nacht, noch ehe ich sie habe auskosten können. Und vielleicht liegt darin das Geheimnis ihrer Fortdauer. Die Zärtlichkeit dieses Landes ist scheu und überwältigend zugleich. Kaum aber fühlt das Herz ihre Gegenwart, so ist es ihr auch schon verfallen.

Albert Camus

Jahreszeiten der Kindheit

*E*s gab damals harte Winter und brennende Sommer. Ich habe seither Sommer erlebt, deren Farbe, wenn ich die Augen schließe, das Ockergelb der rissigen Erde zwischen den Getreidehalmen und den gewaltigen Dolden des wilden Pastinaks ist, und andere Sommer, die abwechselnd hellgrau und blau waren wie das Meer. Keiner aber ruft mir wie jene meiner Kindheit die scharlachrote Geranie und den flammenden Blütenschaft des Fingerhuts ins Gedächtnis. Kein Winter hat heute mehr ein solch reines Weiß unter einem Himmel, gedrängt voll schieferfarbener Wolken, die einen Sturm dicker Schneeflocken verkünden und hinterher ein Tauwetter, das von Tausenden Wassertropfen glitzern würde ... Dieser Himmel belastete die schneeschweren Dächer der Futterspeicher, drückte auf den kahlen Nußbaum, auf die Wetterfahne und ließ die Katzen ihre Ohren an den Kopf pressen ... Auch der ruhige vertikale Schneefall ist seither ausgestorben – dieses schwache Brausen eines fernen Meeres, das sich über meinem kapuzenbedeckten Kopf erhob, während ich im Garten umherstapfte und mit dem Mund Schneeflocken auffing ...

Durch ihre unsichtbaren Antennen gewarnt, kam meine Mutter auf die Terrasse hinaus, spürte dem Wetter nach und rief mir zu:

„Ein Wirbelsturm kommt vom Westen! Lauf! Schließ die Luken des Speichers! Die Tür zum Wagenschuppen! Und das Fenster im Hinterzimmer!"

Als aufgeregter Schiffsjunge des heimischen Schiffes lief ich mit klappernden Holzschuhen davon – begeistert, wenn aus der Tiefe des weißen und blauschwarzen Gewirbels ein greller Blitz und ein kurzer rollender Donner, gezeugt aus der Verbindung des Westwindes mit dem Februar, gemeinsam einen der Abgründe des Himmels ausfüllten ... Ich versuchte mich zu fürchten, an das Ende der Welt zu glauben.

Aber während das Getöse seinen Höhepunkt erreichte, stand meine Mutter, mit einer großen, kupfergefaßten Lupe in der Hand, voll entzückter Verwunderung da und zählte die verästelten Kristalle einer Handvoll Schneeflocken, die sie soeben vom tobenden Ostwind als Geschenk erhalten hatte ...

Colette

Das ist Magie: Außen und Innen vertauschen, nicht aus Zwang, nicht leidend, sondern frei, wollend. Rufe Vergangenheit, rufe Zukunft herbei: beide sind in dir! Du bist bis heute der Sklave deines Innern gewesen. Lerne sein Herr sein. Das ist Magie.

Hermann Hesse

Sommermorgen

Außer einem Boskett von Oleanderbäumen, überragt von einem Ginkgo – ich brachte seine fächerförmigen Blätter meinen Schulfreundinnen, die sie in ihren Atlanten preßten –, wurde der ganze heiße Garten von einem gelben Licht mit zitternden rot-violetten Reflexen gespeist. Allerdings vermag ich nicht zu sagen, ob dieses Rot und dieses Violett aus einer optischen Lichtbrechung oder aus meinem Glücksgefühl entstanden sind. Sommertage, vom gelb glühenden Kies reflektiert, Sommertage, die das Geflecht meiner großen Hüte überstrahlten, Sommertage fast ohne Nächte … Denn ich liebte schon damals so sehr den frühen Morgen, daß meine Mutter ihn mir als Belohnung gewährte. Ich setzte durch, daß sie mich um halb vier Uhr weckte und mit einem leeren Korb an jedem Arm in den Küchengarten gehen ließ, der unten innerhalb der engen Flußbiegung versteckt lag. Dort wuchsen Erdbeeren, Johannisbeeren und haarige Stachelbeeren.

Um halb vier schlief noch alles in einem feuchtverschwommenen elementaren Blau, und als ich den sandigen Weg hinunterwanderte, kam ich in den Nebel, der durch sein Gewicht zurückgehalten wurde. Er legte sich zuerst um meine Beine, dann badete er meinen wohlgeformten kleinen Rumpf und erreichte schließlich den Mund, die Ohren und die Nase, die empfindlichste Stelle meines Körpers … Ich ging allein, die Gegend barg keine Gefahren. Auf diesem Weg und zu dieser Stunde geschah es, daß ich mir meines Wertes bewußt wurde: eines unerklärbar begnadeten Zustandes, einer Gemeinsamkeit mit dem ersten Windhauch, dem ersten Vogel, der in ihrem Aufblühen noch oval verformten Sonne …

Colette

Das Glück des Losgelöstseins

Irgendwo zwischen Vienne und Orange, irgendwo in einem Dorf ohne Namen, hielten wir am Rande einer kurvenreichen Straße an, bei einer geräumigen, schattigen *terrasse*. Eine niedrige Hecke, die dem Bogen der Straße folgte und sie fast vollständig einschloß. Dort gab ich mich, in einem Zustand angenehmer Erschöpfung, dem Gefühl absoluter Desorientiertheit hin. Ich wußte nicht mehr, wo ich war, warum ich gekommen war, wann oder wohin ich gehen würde. Das köstliche Gefühl, ein Fremdling in einer fremden Welt zu sein, erfüllte und berauschte mich. Ohne Erinnerung trieb ich dahin. Die Straße hatte kein Gesicht. Kirchenglocken läuteten, aber wie aus einer anderen Welt. Es war das reine Glück des Losgelöstseins.

Henry Miller

Die tanzende Schönheit des Tages

Et in Arcadia Ego. Vor dem kleinen Holzfeuer zu sitzen, die Hände im Schoß, und mit geschlossenen Augen – sich vorzustellen, man sähe nochmals hinter den Wimpern die tanzende Schönheit des Tages, man spüre nochmals die Flamme auf dem Hals, so wie man glaubte, den gelben Fleck zu spüren, wenn Bogey einem eine Butterblume unter die Nase hielt ... wenn Atmen eine solche Wonne ist, daß man fast Angst hat zu atmen – als ob ein Schmetterling seine Flügel auf deiner Brust fächelte. Noch einmal den warmen Sonnenschein zu schmecken, der einem im Munde schmolz; noch einmal den weißen Wachsduft zu riechen, der über den Narzissenfeldern lag, und den wilden würzigen Duft des Rosmarins, der in kleinen Büscheln inmitten der roten Felsen nahe dem Meeresstrand wächst ...

Katherine Mansfield

Das Erdbeben

Einmal, um die Weihnachtszeit, hatten wir ein Erdbeben, es war so stark, daß ein paar Eingeborenenhütten einfielen, was etwa der Kraft eines zornigen Elefanten entspricht. Es kam in drei Stößen, jeder dauerte einige Sekunden, mit Pause von einigen Sekunden dazwischen. In den Pausen hatten die Menschen Zeit, sich klarzumachen, was geschah.

Denys Finch-Hatton, der damals auf der Fahrt im Massaireservat war und auf seinem Lastauto schlief, erzählte mir später, als er beim ersten Stoß aufgewacht sei, habe er gedacht: Ein Nashorn ist unter den Wagen geraten.

Ich war in meinem Schlafzimmer und ging zu Bett, als das Erdbeben kam. Bei der ersten Erschütterung dachte ich: Ich werde sterben, so muß es sein zu sterben. Aber in der kurzen Stille zwischen dem zweiten und dem dritten Stoß begriff ich, was es war. Es war ein Erdbeben, und ich hatte nicht gedacht, daß ich je eines erleben würde. Einen Augenblick lang meinte ich dann, das Erdbeben sei zu Ende. Aber als der dritte und letzte Stoß kam, überfiel mich ein so mächtiges Gefühl von Freude, daß ich mich nicht erinnern kann, in meinem Leben so plötzlich und vollkommen hingerissen gewesen zu sein.

Die himmlischen Körper besitzen die Macht, den menschlichen Geist auf ungeahnte Höhen des Entzückens zu versetzen. Wir sind uns ihrer nicht jederzeit bewußt, aber wenn sie uns plötzlich an ihr Dasein erinnern und in Erscheinung treten, eröffnen sie uns Vorstellungen von unerhörter Weite. Kepler beschreibt seine Gefühle, als er nach jahrelanger Arbeit das Gesetz der Bewegung der Planeten fand: „Ich gebe mich meiner Wonne hin. Der Würfel ist gefallen. Nichts, was ich je fühlte, ist diesem Augenblick gleich. Ich zittere, mein Blut pocht. Gott hat sechstausend Jahre gewartet, ehe einer da war, sein Werk zu bewundern. Seine Weisheit ist unendlich, alles, was wir nicht wissen, ist darinnen, und das wenige, was wir wissen."

Solch ein Entzücken war es, das mich befiel und mich erschütterte, als ich das Erdbeben spürte.

Das Übermaß von Freude rührt hauptsächlich daher, daß etwas, was einem für unbeweglich galt, die Macht hatte, sich selbst zu bewegen. Das ist wohl eins der stärksten Erlebnisse von Glück und Hoffnung in der Welt, die sture Kugel, die tote Masse, die Erde selbst hebt und reckt sich unter mir. Sie hat mir eine Botschaft gesandt, nur eine zarte Berührung, aber von unermeßlicher Bedeutung. Sie hat gelacht, daß die Hütten der Eingeborenen einfielen, und gerufen: *„E pur si muove."*

Tania Blixen

Durch die Imaginationsfähigkeit, zunächst durch die Fähigkeit des Erinnerns, haben wir eine Möglichkeit, uns die Situationen der Freude zurückzuholen. Wir brauchen nicht immer neue Freuden. Oft werden die erlebten Freuden in der Erinnerung noch wesentlich freudiger, als sie tatsächlich waren. Um an Freude denken zu können, müssen wir die Freude in der Erinnerung nochmals aufleben lassen. Dadurch können wir sie noch nachträglich voll auskosten.

Verena Kast

Die Magie der Erinnerung

Nun habe ich eine Geschichte, die ich erzählen möchte, weil wir von Magie und der Notwendigkeit der Magie reden. Im Jahre 1970 hatte ich Krebs im Anfangsstadium und erhielt zwei Wochen lang Bestrahlungen im Presbyterian Hospital in New York, täglich sechs Minuten. Da befand ich mich nun in diesem schmutzig-gelben Raum mit einer riesigen und abscheulichen Maschine in der Mitte. Es war furchterregend wie in einem Science-fiction-Roman. Man liegt auf dem Bett, und auf den Körper wird eine kleine Zeichnung gemacht, wo die Strahlung hinzielen soll. Am allerschlimmsten ist, daß die Maschine ein schreckliches Geräusch macht. Wie konnte ich das bewältigen? Es war nicht leicht, aber ich beschloß, daß diese Maschine ein Projektor sei und daß ich nun für sechs Minuten einen Film über die schönsten, glücklichsten und freudigsten Tage meines Lebens sehen würde. Sobald die Maschine angestellt wurde, schloß ich die Augen, und der Film begann, ein Bild nach dem anderen von jedem Ort, an dem ich glücklich gewesen war, von jeder Begebenheit, einer nach der anderen. Zumeist war es das Meer und der Strand und Tahiti und Südfrankreich und Mexiko. Die Landschaft wechselte nicht so sehr, aber die Szenen taten es, und ich wählte sie immer aus. Nach sechs Minuten, wenn das Geräusch verstummte, war der Film zu Ende, und ich ging nach Hause. Meine einzige Sorge war, daß ich nicht genug Filmmaterial haben könnte, aber die automatische Folge der Bilder wurde so wirklichkeitsnah, daß ich mich einmal sah, wie ich eine Straße in Südfrankreich entlangfuhr und in meiner Erinnerung Durrell besuchen wollte, mich aber plötzlich besann und zu mir sagte: „Ich mag nicht diese Straße fahren, weil der Besuch nicht sehr glücklich verlief. Ich werde die andere Straße nehmen." So ging es weiter; ich hatte genug Filmstoff für die täglichen sechs Minuten, zwei Wochen lang, und ich wurde völlig geheilt. Heute bin ich vollkommen überzeugt davon, daß ich psychologisch sehr zur Heilung beigetragen habe. Das nenne ich Magie. Denn seitdem hatte ich keine Beschwerden mehr.

Es ist meine Überzeugung, daß es keine Situation und keinen Anlaß gibt, wo die psychische Lebenskraft, die Liebe und Freude zum Leben, uns nicht irgendwann verändern und ein Erlebnis so umformen kann, daß wir gern daran zurückdenken.

Anaïs Nin

Süsser Reis mit Mango

Genüsse und die alltäglichen Dinge als Freudenspender

Ein Napf frischer Milch

Mit der ebenso überraschenden wie sehr erwarteten Freude vergleiche ich diesen riesigen Napf frischer Milch, den wir in unserem Nachtquartier vorfanden, an einem drückend heißen Abend, nachdem wir den ganzen Tag durch die Dürre gewandert waren. Wir hatten wochenlang keine Milch mehr gesehen, denn in der Landschaft, die wir damals durchquerten, wütete die Schlafkrankheit, und es konnte dort kein Vieh gedeihen. Aber ohne es zu bemerken, waren wir seit einigen Stunden in eine geschütztere Gegend gelangt, wo die Aufzucht möglich war; und wenn das Gras weniger hoch gewesen wäre oder unsere Reitergesellschaft es weiter überragt hätte, wären hier und da im Gebüsch die Herden zu erkennen gewesen. Wir erwarteten an diesem Abend, um unseren Durst zu stillen, nur laues und zweifelhaftes Wasser, das wir aus Vorsicht zuerst hätten abkochen lassen müssen und dessen ekelerregenden Geschmack nicht einmal der Alkohol oder der Wein überdeckt hätte, mit dem wir es färbten – erzwungene Genügsamkeit unserer vergangenen Tage. Mit welchem Entzücken erblickten wir an diesem Abend im Schatten der Hütte den Napf voll Milch, den man für uns gemolken hatte. Eine graue Schicht aus feinem Grieß hatte die Oberfläche getrübt. Unsere Becher zerrissen diesen zarten Film, und die Milch darunter schien nach der Hitze des Tages noch reiner und frischer. Obwohl sie sehr weiß war, glaubte man Schatten zu trinken, Ruhe und Stärkung …

André Gide

Die Freude liegt natürlich im Improvisierten und Unvorhersagbaren. Ohne dies würde uns nichts interessieren – weder im Leben noch in der Musik.

Yehudi Menuhin

Tomatensuppe

Ich blieb, kurz bevor ich den Garten erreichte, stehen und atmete die nach Kräutern, Tomaten und frischen Erbsen duftende Luft ein. Der Garten war zweitausend Quadratmeter groß und wegen der Ducker von einem hohen Zaun umgeben, aber manchmal kletterten Paviane darüber, warfen mit Auberginen und Paprika um sich und hinterließen dort, wo sie Kartoffeln ausgebuddelt hatten, Löcher in der Erde. Die Tomaten dufteten so kräftig, daß mir fast schwindelig wurde. Eine Reihe Tomatenpflanzen, meterlang, mannshoch, die Zweige schwer von grünen, gelben, rotgestreiften Tomaten, die ich manchmal für Chutney pflücken mußte, und so vielen roten reifen Tomaten, daß es aussichtslos gewesen wäre, auch nur die Hälfte von ihnen pflücken zu wollen. Ich füllte die Körbe mit diesen prallen, reifen, duftenden tiefroten Früchten, pflückte je ein Büschel Thymian und Petersilie von den Beeten, wo die Kräuter nur so wucherten, verließ den Garten und schloß sorgfältig das Tor. Sobald ich fort war, stürzten die Vögel aus den Bäumen und sogar vom Himmel hinab, wo sie darauf gewartet hatten, daß ich wieder ginge, und ließen sich in ihren verschiedenen Sprachen über diese Unterbrechung ihres Festmahls aus. Einige der Tomaten waren von ihren Schnäbeln ausgehöhlt, und die Erbsenhülsen hatten sie aufgebrochen, so daß die hellgrünen Erbsen über die Wege kullerten. Joan sagte: „Wir pflanzen das Gemüse nicht für uns an, wir sind ein wohltätiger Verein“, und Bob fügte hinzu: „Vögel und Tiere wollen auch leben.“

Ich spazierte gemächlich den langen Weg hinauf, spürte, wie die Hitze mir zusetzte und die Tomaten mir an den Armen zogen. Jetzt rannte ich nicht, als ich das Territorium der Python durchquerte, obwohl ich das Gras genau beobachtete, um jede mögliche Wellenbewegung rechtzeitig sehen zu können. Ich ging langsam weiter, lauschte den Vögeln, den Vögeln Afrikas, vor allem den Tauben, deren träges, schläfriges Gurren zum Tagträumen und zu stillen Sehnsüchten verführt.

Oben angekommen stellte ich die Körbe nebeneinander auf den Küchentisch und trank ein Glas lauwarmes Wasser aus dem Filter. „Mach uns doch eine Suppe zum Mittagessen“, rief Joan von der Veranda aus, wo sie auf einem geflochtenen Liegestuhl ruhte, neben sich einen zweiten Liegestuhl voller Katzen. Ich legte Holz auf den Rost im Carron-Dover-Herd, der gleiche Herd wie unserer – wie von allen Leuten damals –, schichtete es so, daß es genug Luft hatte, und bald brannte das Feuer vorschriftsmäßig. Von einem Haken über dem Herd nahm ich den riesigen, schwarzen gußeisernen Topf, der immer nach Kräutern duftete, ganz gleich wie oft man ihn schrubbte. In den Topf leerte ich körbeweise Tomaten, zwanzig Pfund oder mehr. Dann wurde er auf die Flamme gesetzt, und ich begab mich auf die hintere Veranda, setzte mich gemütlich hin, baumelte mit den Beinen und schaute den freilaufenden Hühnern zu, den Hunden, wenn sie da waren, den Katzen, die neben den Hunden her lebten, ohne daß die einen den anderen Beachtung schenkten. Die Katzen hatten ihre besonderen Stühle, Plätze, Büsche, wo sie die langen heißen Stunden des Tages zubrachten. Die Hunde lungerten auf der Veranda herum, niemals im Haus, das war Joan und den Katzen vorbehalten.

Nach einer guten Stunde nahm ich den Topf vom Herd. Jetzt blubberte darin sachte ein roter Brei. Ich rührte ihn mit einem Holzlöffel um, wobei ich gleichzeitig mit einem silbernen Löffel in der anderen Hand Hautstückchen herausfischte. Das war eine geruhsame, angenehme Tätigkeit. Wenn alle festen, kleinen roten Hautrollen heraus waren, kamen Salz und Pfeffer hinzu, eine Handvoll Thymian und ungefähr ein Liter cremige Sahne. Danach mußte alles noch eine Stunde kochen.

Und dann gab es Mittagessen. Tellerweise rötliche, betörend duftende Suppe. Ich habe die Suppe weniger gegessen als in mich aufgesogen, zusammen mit den Gedanken an den Gemüsegarten, wo mittlerweile bestimmt Hunderte von Vögeln aus den Wassereimern tranken oder im Staub zwischen den Beeten badeten. Das langgezogene, träge Gurren der Tauben, der Tomatenduft, die Python – aus alledem setzte sich der Geschmack zusammen.

Das ist Tomatensuppe. Lassen Sie sich nie eine andere vorsetzen.

Doris Lessing

*T*ausendmal hab ich in meiner Herzensfreude gelacht über die Menschen, die sich einbilden, ein erhabner Geist könne unmöglich wissen, wie man ein Gemüse bereitet. Diotima konnte wohl zur rechten Zeit recht herzhaft von dem Feuerherde sprechen, und es ist gewiß nichts edler, als ein edles Mädchen, das die allwohltätige Flamme besorgt, und, ähnlich der Natur, die herzerfreuende Speise bereitet.

Friedrich Hölderlin, „Hyperion"

Süßer Reis mit Mango

*D*er Buddha war ein glücklicher Mensch, und er hatte Freude an einem schönen Morgen oder an einem Glas frischen Wassers.

Eines Tages, als er mit Ananda auf dem Geiergipfel stand, deutete er auf die unter ihnen liegenden Reisfelder und sagte: „Ananda, wie schön ist doch Vesali!" Als König Mahanama den Buddha und seine Mönche zu einem Mahl einlud, bemerkte der Buddha: „Mahanama hat uns ein ausgezeichnetes Mahl bereiten lassen." Er war sich der Güte des Essens sehr bewußt.

Ich bin Mönchen begegnet, die es nicht wagen zu sagen, daß ihnen das Essen, das sie zu sich nehmen, schmeckt. In Thailand wurde mir einmal köstlicher süßer Reis mit Mango angeboten. Ich sagte zu meinen Gastgebern: „Das war ausgezeichnet." Mir fiel auf, daß Thai-Mönche so etwas nicht sagen. Ich denke aber, es ist kein Problem, Freude an den Dingen in uns und um uns herum zu haben, solange wir uns ihrer vergänglichen Natur bewußt sind. Wenn du Durst hast, dann ist doch nichts dabei, sich über ein Glas frischen Wassers zu freuen. Um es dann wirklich zu genießen, mußt du ganz im gegenwärtigen Augenblick verweilen.

Stirbt eine Blume, dann weinen wir nicht. Wir wissen um ihre Vergänglichkeit. Wenn wir uns darin üben, achtsam zu sein in bezug auf die Natur der Vergänglichkeit, dann leiden wir weniger und haben mehr Freude am Leben. Wenn wir wissen, daß Dinge vergänglich sind, dann schätzen wir sie im gegenwärtigen Moment. Wir wissen, daß auch die Menschen, die wir lieben, von vergänglicher Natur sind; deshalb tun wir alles, um sie jetzt glücklich zu machen. Vergänglichkeit ist nichts Negatives. Es gibt Buddhisten, die denken, wir sollten an gar nichts Freude haben, weil ja doch alles vergänglich ist. Sie glauben, Befreiung bedeute, sich aller Dinge zu entledigen und an nichts mehr Freude zu haben. Aber ich glaube, wenn wir dem Buddha Blumen reichen, dann sieht der Buddha die Schönheit der Blumen und hat großes Wohlgefallen daran.

Thich Nhât Hanh

Als ich gerade den ersten, kleinwinzigen, halbgeöffneten, gelbschimmernden Hahnenfußkelch dieses Jahres sah, dachte ich zuinnerst: „Oh!" – Bin ich schwachsinnig, daß dergleichen mich so erfreut, und daß ich die eigentümliche Form dieser Freude festhaltenswert finde? Nein, ich bin nicht schwachsinnig. Aber vielleicht bin ich ein Verbannter. Vielleicht zählt dergleichen nur für einen Verbannten? Ja, dergleichen zählt nur für Verbannte: – und es geht an alle. – Und möchten wir Verbannten damit etwa siegen, heimkehren, wiederaufgenommen werden? Nein, wir möchten entwaffnen, entwaffnen, entwaffnen.

Peter Handke

Wicken

Gerade jetzt steht ein Beet mit all diesen Blumen in voller Blüte, ein kleiner, sorgfältig ausgewählter Fleck fruchtbaren Bodens, etwa fünfzehn Meter lang und von unregelmäßiger Breite, dessen breitester Teil das östliche Ende des Weges um die Südfront des Hauses herum schließt und das sich zu einer feuchten ebenen Stelle neben einem Bächlein senkt, eigentlich nicht viel mehr als ein murmelndes Rinnsal. Dort, im feuchtesten Winkel, oben von der Sonne beschienen, die Füße aber kühl und feucht, gedeiht eine Gruppe japanischer Schwertlilien, und neben ihnen, etwas höher am Hang, weiße Lilien, so keusch im Ausdruck und so wollüstig im Duft. Daran schließt sich eine Gruppe Eibisch in den zartesten Schattierungen zwischen Rosa, Zitronengelb und Weiß an, rechts und links davon diese weißen Margeriten und Nachtkerzen und die eleganteste aller Mohnsorten, die Shirley heißt, etwas zur Seite dann eine Staude metallblauer Rittersporn, seitlich von weißen Lupinen überragt, und ringsherum und überall dazwischen Reseden, Sommerlevkojen und Federnelken und ein Dutzend anderer kleiner, aber nicht weniger reizvoller Pflanzen. Ich wünschte, ich wäre ein Dichter, damit ich die Schönheiten dieses Flecks angemessen beschreiben könnte. Wie es dort an diesem Nachmittag nach dem Regen in der Sonne funkelt! Aber keine seiner bezaubernden, zarten und duftenden Stauden ist mir so lieb und teuer wie die Wickenhecke an der Nordwestecke dieses Beetes. Wicken haben so etwas unbeschreiblich Zartes und Liebliches, sind so rührend, wenn sie sich winden und recken und an alles anklammern, und dann diese langen dünnen Stengel, die diese so vollkommen geformten kleinen Schmetterlingsblüten, hauchartig zart wie Perlen und schwach in allen Farben schimmernd, an ihrer Spitze tragen. Alle sind rein und fehlerlos, alle befriedigen den Blick, keine, die häßlich wäre, nicht einmal weniger schön zwischen den anderen. Und auch im Hause ist außer einer schlichten Porzellanschale voll Rosen kein Blumenarrangement so entzückend wie eine Vase voll Wicken oder ein dicker Wickenstrauß in einem Delfter Krug. Was ist das für ein Überschwang von schimmernden und dennoch edlen Farben! Wie schön, wenn man in dem Augenblick, in dem man die Tür öffnet, von ihrem zarten Duftschwall eingehüllt und begrüßt wird! Und wenn man sich dann darüber beugt und das Gesicht in den Blüten vergräbt und sich dem Entzücken hingibt und sich gar nicht von ihnen trennen kann. Alle Menschen auf der Erde, die so eine zu Herzen gehende Begeisterung nicht kennen, tun mir wirklich unendlich leid.

Elizabeth von Arnim

Das Glück ist nur ein Augenblick

Wer beim Essen, Ankleiden, Gehen seine Gedanken woanders hat, macht aus dem Essen, Ankleiden, Gehen etwas Störendes und Unangenehmes, ja, alles muß da schließlich unangenehm werden durch dieses Training, Willen und Wirklichkeit überquer zu stellen. Was alle doch anstreben, ist Glück – Glück aber ist *Stimmung schaffen können* – freier Herr sein über die Gedanken immer und überall. Das ist nur durch Training im kleinsten erreichbar. Auch jeder Soldat hat Reih und Glied zu halten, damit die Armee in Präzision große Manöver ausführen könne. Nur Präsenz des Wissens ist Wissen – Präsenz des Könnens – Können. Wenn mir etwas nur Mittwoch früh einfällt und ich brauche es unerwarteterweise einmal Dienstag Nachmittag, so ist das so gut, als wüßte ich es gar nicht. Das Leben besteht aber aus lauter Unerwartetstem und gerade dort, wo es am lebendigsten ist – „das Glück ist nur ein Augenblick" –, wer immer gleich einen Nachmittag davon verbürgt haben will, ehe ihm ein Zustandswechsel lohnt, weiß überhaupt noch nicht, was Glück ist: *sich leben spüren*: sein ganzes Ich – in jedem Augenblick, an jeder Stelle, wo es auch stehen mag!

Prentice Mulford

91. Grund zur Freude

Daß wir Gott geschaffen haben. Daß er dafür Gänseblümchen schuf. Daß wir damit Kränzlein winden, die uns schöner machen als wir sind.

Martin Walser

Ich bin müde, glückselig müde. Glaubst du, daß Gänseblümchen glückselig müde sind, wenn sie sich schließen für die Nacht und der Tau auf sie herabsinkt?

Katherine Mansfield

Ein Reichtum an Beziehungen

Der Mensch, so wie ihn Gott gedacht und wie die Dichtung und Weisheit der Völker ihn manche tausend Jahre lang verstanden hat, ist geschaffen mit einer Fähigkeit, sich zu freuen an Dingen, auch wenn sie ihm nicht nützen, mit einem Organ für das Schöne. An der Freude des Menschen am Schönen haben stets Geist und Sinne in gleichem Maße teil, und solange Menschen fähig sind, sich mitten in den Drangsalen und Gefährdungen ihres Lebens solcher Dinge zu freuen: eines Farbenspieles in der Natur oder im gemalten Bilde, eines Anrufes in den Stimmen der Stürme und des Meeres oder einer von Menschen gemachten Musik, solange ihnen hinter der Oberfläche der Interessen und Nöte die Welt als Ganzes sichtbar oder fühlbar werden kann, worin vom Kopfdrehen einer spielenden jungen Katze bis zum Variationenspiel einer Sonate, vom rührenden Blick eines Hundes bis zur Tragödie eines Dichters ein Zusammenhang, ein tausendfältiger Reichtum an Beziehungen, Entsprechungen, Analogien und Spiegelungen besteht, aus deren ewig fließender Sprache den Hörern Freude und Weisheit, Spaß und Rührung zuteil wird – solange wird der Mensch seiner Fragwürdigkeiten immer wieder Herr werden und seinem Dasein immer wieder Sinn zuschreiben können, denn der „Sinn" ist ja eben jene Einheit des Vielfältigen, oder doch jene Fähigkeit des Geistes, den Wirrwarr der Welt als Einheit und Harmonie zu ahnen.

Hermann Hesse

Lerne die wahre Freude, und du wirst Gott kennenlernen.

Sri Aurobindo

Ich möchte dir gern etwas zuflüstern: Wenn du hier auf der Erde Schritte voller Frieden machen kannst, dann ist es nicht mehr nötig, das „Reine Land“ des Buddha oder das „Reich Gottes“ zu erreichen.

Sobald du frei und in Frieden bist, ist das Weltliche rein und das Reine weltlich, und es gibt keinen Ort mehr, zu dem du gelangen müßtest. Es ist dann nicht mehr nötig, die wunderbaren Füße des Buddha zu gebrauchen, selbst wenn du sie hättest.

Thich Nhât Hanh

Schritt für Schritt

Ich drehe mich um, schaue nach, ob jemand guckt, aber nur in der Entfernung nestelt jemand an seinem Zeh herum. Vorsichtig setze ich einen Fuß vor den anderen. Weich gibt der Waldboden nach. Niemand sieht mich, ich werde mutiger. Ein Schritt, ein Atemzug. Ein – aus. Schritt für Schritt.

Zuletzt bin ich, glaube ich, als kleiner Junge barfuß durch den Wald gegangen. Trockene Blätter und kleine Zweige knacken unter meinen Füßen, das Moos ist kühl und feucht, dann wieder spüre ich sonnengewärmte Flecken an meinen Fußsohlen. Ein – aus. Es ist gar nicht so schwierig, nur gerate ich bei dem Tempo ein wenig ins Schwanken, als hätte ich zuviel getrunken. Wenn ich allerdings nur ans Atmen denke, geht es besser. Langsam gehe ich in den Wald hinein, Schritt für Schritt, und mit einemmal habe ich tatsächlich das Gefühl, ein wenig zu schweben.

Ich kichere vor Überraschung, schwebe weiter. Schritt für Schritt. Atemzug für Atemzug. Gedanken und Gefühle fallen ab von mir wie Fetzen einer alten Haut. Ich lasse sie hinter mir und hebe sie nicht wieder auf, entferne mich von meinem Müllhaufen, Schritt für Schritt.

Ich gehe weiter und weiter, nach einer Weile denke ich nicht mehr über die Koordination von Atem und Schritten nach. Ich gehe, das ist alles. Es gibt nur noch mich und diesen Wald, und nach einer Weile gibt es nur noch den Wald. Den weichen Boden, die Temperaturunterschiede der Luft, je nachdem, wie dicht die Bäume zusammenstehen, die Silberfäden der Spinnennetze im Gegenlicht, das Surren der Insekten, die Rufe der Vögel. Ich gehe und vergesse mich und bemerke zu meinem Erstaunen, daß ich glücklich bin. Grundlos glücklich, was mir mit einemmal als das größte Glück überhaupt erscheint. Es hat keinerlei Ursprung außer der Tatsache, daß ich *jetzt hier* bin. Ich hab's begriffen, denke ich, jetzt hab ich's!

Doris Dörrie, „Was machen wir jetzt"

Wenn es uns gelingt, einen Schritt friedvoll und glücklich zu tun, setzen wir uns für die Sache des Friedens und des Glücks der ganzen Menschheit ein.

Thich Nhât Hanh

Die hohe Bewertung der Minute, die Eile als wichtigste Ursache unserer Lebensform ist ohne Zweifel der gefährlichste Feind der Freude. Möglichst viel und möglichst schnell ist die Losung. Daraus folgt immer mehr Vergnügung und immer weniger Freude.

Hermann Hesse

Die Freuden der Mäßigung

Meine Themen sollen nicht weit hergeholt sein. Ich möchte von schlichten, alltäglichen Phänomenen und Abenteuern erzählen. Freunde! Gesellschaft! Mir kommt vor, ich hätte sie in Fülle, denn es gibt so vieles, woran ich mich freue und woran ich teilnehme, auch an Menschen, ohne daß ich mit ihnen rede, sondern ich kenne sie bloß und denke an sie. Was ihr Öde nennt und Armut, ist Schlichtheit für mich. Gott könnte zu mir nicht ungnädig sein, selbst wenn er wollte. Ich liebe den Winter mit seinem Eingesperrtsein und seiner Kälte, denn er zwingt den Gefangenen, Rückhalt auf neuen Gebieten zu suchen. Ich habe es gern, wenn der Fluß einen Winter zufriert und meinem Bootfahren ein Ende setzt, so daß ich gezwungen bin, mein Boot herauszuholen. Im Frühjahr werde ich es mit um so mehr Freude wieder vom Stapel lassen. Diese Entbehrung und Mäßigung ist ein Vorteil gegenüber dem Schiffen zur See, wo das Boot immer an der Küste liegt. Ich mag es am liebsten, wenn jedes Ding nur seine Jahreszeit hat, und komme zu anderen Zeiten gern ohne es aus. Es ist der größte Vorteil von allen, keinen Vorteil zu haben. Es bewahrheitet sich mir unweigerlich: je ärmer ich bin, desto reicher bin ich. Was ihr für meinen Nachteil anseht, halte ich für meinen Vorteil. Während ihr euch freut, auf vielerlei Weise Wissen und Kultur zu erwerben, denke ich mit Entzücken daran, daß ich sie loswerde. Ich habe nie die Überraschung verwunden, daß ich an dem ehrwürdigsten Ort der ganzen Welt geboren wurde und gerade zur rechten Zeit.

Henry D. Thoreau

„Freude an der Sache“, so sagt man: aber in Wahrheit ist es Freude an sich vermittels einer Sache.

Friedrich Nietzsche

Die alltäglichen Dinge

Wenn du bereit bist, dich selber, dein Bewußtsein und dein Handeln anzuschauen, kannst du den Humor zurückgewinnen, den du im Lauf deines Lebens verloren hast. Schau dir zuerst einmal deine gewohnte häusliche Wirklichkeit an: deine Messer, Gabeln und Teller, dein Telefon, deinen Staubsauger – ganz gewöhnliche Dinge. Sie haben nichts Mystisches oder Außergewöhnliches an sich, aber wenn du keine echte Verbindung herstellst zu deinen Alltagssituationen, wenn du diesem alltäglichen Leben nicht auf den Grund gehst, wirst du niemals Humor und Würde finden – und letztlich auch keine Wirklichkeit.

Wie du dein Haar kämmst, wie du dich kleidest, wie du dein Geschirr abwäschst – all das sind Arten, mit der Wirklichkeit in Beziehung zu treten, und deshalb Ausdruck deines geistigen Gesundheitszustands. Eine Gabel ist natürlich nur eine Gabel, ein Eßwerkzeug. Dennoch kann aber deine geistige Gesundheit und Würde davon abhängen, wie du die Gabel benutzt.

Chögyam Trungpa

Manchmal Freude an allem, sogar an den blödsinnigsten Tätigkeiten wie dem Zähneputzen.

Peter Handke

Hausarbeit in der Gesellschaft der Engel

Diese Berufung zum Glück, weit davon entfernt, ihr im praktischen Leben zu schaden, stärkte sie vielmehr in ihrer Tüchtigkeit. Wenn sie ein Tischtuch oder ein Laken spülte, sorgfältig die Holzverschalung des Speiseschranks blank putzte oder einen kupfernen Leuchter polierte, stiegen aus dem Grunde ihres Wesens jene leichten Regungen der Freude, die ihre häuslichen Mühen beseelten. Sie wartete nicht, bis sie ihre Aufgabe vollendet hatte, um sich in sich selbst zurückzuwenden und dort nach freiem Belieben die übernatürlichen Bilder zu betrachten, die in ihr wohnten. Während sie die alltäglichsten Arbeiten erledigte, erschienen ihr die vertrauten Figuren dieses unsichtbaren Landes. Ohne daß sie im geringsten aussah wie eine Träumerin, wusch sie auf, wischte Staub, fegte den Boden in der Gesellschaft der Engel.

Henri Bosco, „Der Garten des Hyazinth“

Abspülen

Meiner Ansicht nach kann die Vorstellung, Geschirrspülen sei unangenehm, eigentlich nur auftreten, wenn du den Abwasch stehen läßt. Sobald du an der Spüle stehst, die Ärmel hochkrempelst und die Hände ins warme Wasser tauchst, ist es eigentlich ganz angenehm.

Es macht mir Spaß, mir mit jedem Geschirrstück Zeit zu lassen, wobei mir das Geschirr, das Wasser und alle Bewegungen meiner Hände ganz bewußt sind. Ich weiß, wenn ich mich beeile, um mich so bald wie möglich auf den Nachtisch zu stürzen, wird die Zeit des Geschirrspülens unangenehm und ist nicht wert, gelebt zu werden. Das wäre schade, da jede Minute, jede Sekunde des Lebens ein Wunder ist! Das Geschirr und die Tatsache, daß ich hier stehe und es abwasche, sind Wunder!

Wenn ich nicht fähig bin, das Geschirr voller Freude abzuwaschen, wenn ich rasch fertig sein will, damit ich mir den Nachtisch einverleiben kann, werde ich ebenso unfähig sein, meinen Nachtisch zu genießen. Mit der Gabel in der Hand werde ich darüber nachdenken, was ich als nächstes tun soll, und Beschaffenheit und Geschmack des Nachtisches würden mir entgehen, und mit ihnen die Freude, ihn aufzuspeisen. Ich werde stets in die Zukunft gezogen werden und nie in der Lage sein, im gegenwärtigen Moment zu leben.

Im Sonnenschein der Bewußtheit werden jeder Gedanke, jedes Tun heilig. In diesem Licht existiert keine Grenze zwischen dem Heiligen und dem Profanen. Ich muß zugeben, daß ich mit dem Abspülen ein bißchen länger brauche, aber ich lebe voll in jedem Moment und bin glücklich. Abzuwaschen ist zugleich Mittel und Zweck – das heißt, wir spülen das Geschirr nicht bloß, um sauberes Geschirr zu haben, sondern wir spülen ab, um abzuspülen, um während des Abwaschens voll in jedem Augenblick zu leben.

Thich Nhât Hanh

Hingabe an die kleinsten Dinge

Da wir die größten Schwierigkeiten im Umgang mit Menschen haben, sprechen wir nicht oft genug über unsere Hingabe an Gegenstände (oder ihr Fehlen). Wenn wir zum Beispiel unser Zimmer in Unordnung lassen, sind wir nicht wirklich hingebungsvoll. Wir zeigen damit, daß es etwas Wichtigeres für uns gibt als die Gegenstände, die unser Alltagsleben ausmachen. (Ich wurde von einer perfektionistischen Mutter erzogen und rebellierte viele Jahre gegen sie, indem ich so schlampig wie möglich war.) Wir sprechen natürlich auch nicht von neurotischer Ordnungssucht. Aber unser Üben sollte jeden Menschen und jedes Ding umfassen. Jede Katze, jede Glühbirne, jedes Stück Sandpapier, jeden Salatkopf, jede Windel. Wenn wir nicht sehr aufmerksam und sorgfältig sind, werden wir nicht erfahren, was Hingabe eigentlich ist. Hingabe ist nicht etwas, das sich zufällig ereignet. Es ist eine Fähigkeit, die wir uns erwerben können. Sie wächst, wie ein Muskel wächst: durch Übung.

Ich möchte nun nicht einen neuen Katalog von Geboten aufstellen. Ich spreche nicht so viel über die Gebote und irgendwelche Vorschriften, da sie von den meisten fehlinterpretiert werden: „Ich sollte ordentlicher sein, weil Joko das gesagt hat." Doch wir sollten aufmerksam sein gegenüber unserer Neigung, Dinge herumliegen zu lassen, unnötig Lichter brennen zu lassen, mehr auf den Teller zu häufen, als wir essen können. Warum? Wenn unsere Hingabe im kleinen nicht vollkommen ist, wird unsere Hingabe für unsere Ehe, unser Kind, unsere Arbeit, unseren Übungsweg, das *dharma,* unterminiert. „Was ihr einem meiner Geringsten getan habt, das habt ihr mir getan." Wenn wir die wirkliche Freude kennenlernen wollen, können wir nicht sagen: „Nun ja, ich habe eben nicht so achtgegeben." Bei unserem Üben geht es immer um das „Geringste".

Charlette Joko Beck

Was hattest Du zum Frühstück? Wo hast Du gestern abend gegessen und so weiter? Und bist Du verliebt? Und bist Du glücklich? Und schreibst Du manchmal ein Gedicht? Und hast Du Dir die Haare schneiden lassen? Und hast Du jemanden kennengelernt von solcher Schönheit, daß Deine Augen tanzen, wie die Wellen tanzten, nein, das waren die Sterne; als diese Frau bei Shakespeare – mein Gott, ich vergesse alles, was ich mal wußte – geboren wurde?

Virginia Woolf an Quentin Bell

Wo Freude ihre Feste feiert

Über das Lachen, das Tanzen und die Magie des Schöpferischen

Rückenwind

Wie er mich jagt, sein Schrei
Mich vorwärts trägt fünfundzwanzig
Windsbräute in der Sekunde
Den ganzen Tag, am Abend, und in die Nacht.
Ich komme zur Welt ich singe vor ihm
Jubel und Lachen: die Finger
Des himmlischen Kinds auf meiner Schulter.
Und hör ich die Stimme des Einen
Von großer Schönheit
Dreht sich der Gegenwind, ich fliege
Und immer zu ihm
Klopfendesherz wie das Haus schwankt

Sarah Kirsch

Dein Lachen

Nimm mir das Brot weg, wenn du
es willst, nimm mir die Luft weg,
aber laß mir dein Lachen.

Laß mir die Rosenblüte,
den Spritzstrahl, den du versprühst,
dieses Wasser, das plötzlich
aufschießt in deiner Freude,
die jähe Pflanzenwoge,
in der du selbst zur Welt kommst.

Mein Kampf ist hart, und manchmal
komme ich heim mit müden
Augen, weil ich die Welt
gesehn, die sich nicht ändert,
doch kaum trete ich ein,
steigt dein Lachen zum Himmel,
sucht nach mir und erschließt mir
alle Türen des Lebens.

Meine Liebe, auch in der
dunkelsten Stunde laß dein
Lachen aufsprühn, und siehst du
plötzlich mein Blut als Pfütze
auf den Steinen der Straße,
so lache, denn dein Lachen
wird meinen Händen wie ein
frisch erglänzendes Schwert sein.

Und am herbstlichen Meer
soll deines Lachens Sturzflut
gischtend himmelwärts steigen,
und im Frühling, du Liebe,
wünsche ich mir dein Lachen
als Blüte, lang erwartet,
blaue Blume, die Rose
meines klingenden Landes.

Lache über die Nacht,
über den Tag, den Mond,
lache über die krummen
Gassen unserer Insel,
lache über den Burschen,
den Tolpatsch, der dich liebt,
aber wenn ich die Augen
öffne, wenn ich sie schließe,
wenn meine Schritte fortgehn,
wenn sie dann wiederkommen,

nimm mir das Brot, die Luft,
nimm mir das Licht, den Frühling,
aber niemals dein Lachen,
denn sonst würde ich sterben.

Pablo Neruda

Der glücklichste Mensch der Welt

Ein Mann, der eigentlich in ganz komfortablen Umständen lebte, suchte eines Tages einen Weisen auf, der in dem Ruf stand, allwissend zu sein. Er sprach zu ihm: „Erhabener Weiser, ich kenne keine materiellen Probleme und dennoch bin ich immer unausgeglichen. Über Jahre hinweg habe ich versucht, glücklich zu werden, auf meine innersten Gedanken eine Antwort zu finden und mit der Welt ins Reine zu kommen. Bitte gib mir einen Rat, wie ich von dieser Krankheit geheilt werden könnte." Der Weise antwortete: „Mein Freund, was für einige verborgen ist, ist anderen offenkundig. Und wiederum, was für einige deutlich sichtbar ist, ist anderen verschlossen. Ich habe die Antwort auf dein Leiden, aber es ist keine gewöhnliche Therapie. Du mußt dich auf Reisen begeben und den glücklichsten Menschen der Welt suchen. Wenn du ihn gefunden hast, mußt du ihn um sein Hemd bitten und es anziehen."

Rastlos machte sich der Mann daraufhin auf die Suche nach glücklichen Menschen. Einem nach dem anderen begegnete er und befragte ihn. Ein ums andere Mal erwiderten sie: „Ja, ich bin glücklich, aber es gibt noch einen glücklicheren als mich." Nachdem er viele, viele Tage lang ein Land nach dem anderen bereist hatte, fand er den Wald, von dem jeder behauptete, daß dort der glücklichste Mensch der Welt lebe. Er hörte aus den Bäumen ein Lachen herüberklingen und beschleunigte seine Schritte, bis er zu einem Mann kam, der auf einer Lichtung saß. „Bist du der glücklichste Mensch der Welt, wie die Leute sagen?" fragte er. „Gewiß", sagte der andere Mann. „Ich heiße So und so und das und das ist meine Lage; das Heilmittel dafür, verordnet von dem erhabensten Weisen, besteht darin, dein Hemd zu tragen. Bitte überlaß es mir, ich gebe dir dafür alles, was ich besitze."

Der glücklichste Mensch betrachtete ihn genau und dann lachte er. Er lachte und lachte und lachte. Als er sich ein wenig beruhigt hatte, sagte der rastlose Mensch, reichlich verärgert über eine solche Reaktion: „Hast du den Verstand verloren, daß du über ein solch ernsthaftes Anliegen lachst?" „Vielleicht", sagte der glücklichste Mensch, „aber wenn du dir die Mühe gemacht hättest, genau hinzusehen, dann wäre dir aufgefallen, daß ich gar kein Hemd besitze." „Was soll ich denn jetzt tun?" „Du wirst nun geheilt sein. Das Streben nach etwas Unerreichbarem sorgt für die nötige Übung, das zu erreichen, was nötig ist: Wie ein Mann, der seine ganze Kraft sammelt, um über einen Fluß zu springen, so als wenn er viel breiter wäre. Er gelangt über den Fluß." Dann nahm der glücklichste Mensch der Welt seinen Turban ab, dessen Ende sein Gesicht verhüllt hatte. Der rastlose Mensch sah, daß es niemand anderes als der große Weise war, der ihn zu Anfang beraten hatte. „Aber warum hast du mir das nicht schon damals vor diesen langen Jahren gesagt, als ich dich besucht hatte?" fragte der rastlose Mann verwundert. „Weil du damals noch nicht bereit warst zu verstehen. Du brauchtest erst ganz bestimmte Erfahrungen, und die mußten dir auf eine Weise vermittelt werden, die sicherstellte, daß du sie auch durchmachen würdest."

Idries Shah

Ich lache und lache – und weiß nicht, warum.
Nur Gott allein weiß,
warum der Stiel einer Blume im Morgenwind zittert.

Rumi

Das Königreich deines eigenen Lebens

Sich um die Belange des täglichen Lebens zu kümmern und gleichzeitig das Leben wie ein Fest zu feiern – ist das überhaupt möglich? Die Erfordernisse des Alltags sind für uns meist rein praktischer Natur und allzu oft nur mühsame Plackerei. Und unter Feiern verstehen wir im allgemeinen etwas Extravagantes, das wir uns eigentlich nicht leisten können. Wenn hier aber vom „Regieren“ unserer Welt die Rede ist, so soll damit gesagt sein, daß es möglich ist, ein würdevolles, diszipliniertes Leben ohne Nachlässigkeit zu führen und sich zugleich am Leben zu freuen. Der Alltag und das Fest des Lebens sind durchaus miteinander vereinbar. Das Königreich, das du regierst, ist dein eigenes Leben, das Reich des Haushälters. Dein tägliches Leben hat eine Struktur, ob du verheiratet bist und Kinder hast oder nicht. Viele Menschen empfinden die Regelmäßigkeit des Lebens als Zwangsjacke, sie wünschen sich ständig ein anderes Leben, ständig neue Gerichte auf dem Tisch. Es ist jedoch notwendig, irgendwo zur Ruhe zu kommen und sich um ein regelmäßiges, diszipliniertes Leben zu bemühen. Und seltsam: Je größer die Disziplin wird, desto mehr ist das Leben von Freude erfüllt. Die Grundstruktur des Lebens kann also Freude sein und muß nicht bloß aus Pflichterfüllung bestehen. Das ist mit dem Regieren im Königreich deines eigenen Lebens gemeint.

Chögyam Trungpa

*W*o Freude ihre Feste feiert,
sitz ich zu Tisch.
Voll Wonne, voll Wonne ist das Leben.
Die Stadt der Schönheit durchwandern
meine Augen, satt sich schauend,
versunken meine Ohren lauschen
der tiefen Melodie.

Zu feiern hast du gebeten,
die Flöte spiel ich drum.
Lied reih ich an Lied
mit Lebensleid und -freude.
Naht nun die Zeit?
Dich zu sehen in der seligen Gemeinde
und deinen Lobpreis anzustimmen,
ist meine Demutsbitte.

Rabindranath Tagore

Der Engel, der die Freude verkündet

Neben dem Engel der Verkündigung erscheint in der Weihnachtsgeschichte ein ganzes Heer von Engeln, die Gott loben und den Menschen den Frieden verkünden. Sie werden in der Bildenden Kunst oft als kindliche Engel dargestellt, die voller Lebensfreude auf ihren Instrumenten blasen oder mit vereinten Kräften zur Freude Gottes und der Menschen singen. Hier wird etwas von der Leichtigkeit des Seins sichtbar, die die Engel verkörpern. Durch die Engel wird alles leichter, lichter, froher. Da kann man wieder singen. Kinder singen oft, wenn sie allein sind, wenn sie sich in der Nacht ihres Lebens einsam fühlen, wenn sie von den Eltern alleingelassen werden. Singen ist für sie Therapie. Da kommen sie in Berührung mit einer anderen Welt, mit einer Welt der Freude und der Ausgelassenheit. Manche Kinder können nur überleben, wenn sie gegen das Geschrei ihres jähzornigen Vaters oder gegen das ständige Herumnörgeln der Mutter ihre eigenen Lieder singen. In ihrem Singen grenzen sie sich ab vom negativen Lärm ihrer Umwelt und spüren in ihrem eigenen Herzen eine Freude, die ihnen niemand nehmen kann. Die therapeutische Funktion des Singens gilt nicht nur für Kinder. Auch für Erwachsene kann es heilsam sein, wenn sie die kindlichen Engel der Freude wieder in sich einlassen und es wagen, in der Badewanne oder beim Kochen oder Spazierengehen vor sich herzusingen. Wir hatten einen Tünchner, der im Kirchenchor sang. Er hat auch oft bei der Arbeit gesungen. Da war die Arbeit nicht mehr Last, sondern Lust. Da standen ihm seine eigenen Probleme nicht mehr im Weg, da eröffnete ihm das Singen einen Weg zum Leben und zur Freude.

Die Weihnachtsengel, so meint Pietro Bandini, bilden eine „Verschwörung der Liebe“. Die Weihnachtsengel verbinden Himmel und Erde miteinander, Göttliches und den Menschen, die Hirten und das neugeborene Messiaskind. Auch sie haben wie Gabriel eine erotische Ausstrahlung. Künstler haben die Weihnachtsengel oft als erotische kindliche Gestalten mit Flügeln dargestellt. Engel existieren ja im Zwischenbereich zwischen der göttlichen und menschlichen Welt. In ähnlicher Weise ist die Erotik ein Zwischenbereich zwischen Menschen, zwischen Mann und Frau. Da strömt es hin und her. Die weihnachtlichen Engel öffnen uns den Himmel und geben uns das Gefühl, daß es zwischen Gott und Menschenwelt hin- und herströmt, daß da ein Strom der Liebe hin- und herfließt. Das beflügelt unsere Seele. Die erotische Ausstrahlung der Weihnachtsengel wirkt heilend und belebend auf unsere Seele. Die Engel öffnen unsere Seele für eine andere Welt, für die Welt der göttlichen Liebe, die sich bis in unsere Nacht und Dunkelheit hinabneigt. Wenn zwei Menschen sich verlieben, eröffnet sich für sie auch eine neue Welt. Die Weihnachtsengel vermitteln uns, daß zwischen Gott und uns eine ähnliche Liebe strömt wie zwischen Verliebten. Wenn wir sie in uns einlassen, dann wird unser Leben erneuert, dann werden wir auch als Erwachsene noch von Weihnachten verzaubert und trauen trotz aller Enttäuschung der Liebe, die mit den Weihnachtsengeln in unsere Welt hineinstrahlt.

Anselm Grün

Freude am Tanzen

Das Leben ist nicht lebenswert, wenn es zwanghaft ist. Man könnte sich fragen, warum nicht mehr Menschen Selbstmord begehen. Von der großen Mehrzahl der Menschen kann man sagen, daß sie entweder Angst davor haben oder mit dem Gefühl leben, es sei absolut notwendig, weiterzumachen, denn, wie es heißt, „solange man noch lebt, hat man immer noch Hoffnung" (was ich für einen schrecklichen Spruch halte), oder sie begehen einfach deshalb nicht Selbstmord, weil sie Freude am Tanzen haben. Selbst wenn sie nicht besonders reich sind und ziemlich einfach leben, schenken die Gemeinschaft mit anderen Menschen, der Anblick der Sonne und der Sterne, das Rascheln des Grases und das Rauschen des Wassers ihrem Leben seine eigene Rechtfertigung. In einem Haiku-Gedicht heißt es: „Die lange Nacht, das Rauschen des Wassers, sie sagen, was ich denke."

Alan Watts

Der Wasserfall erwacht

Wie konnten die Strahlen der Sonne
mein Leben durchdringen an diesem Morgen?
Wie konnten ins Dunkel der Höhle der Vögel Lieder dringen?
Ich weiß nicht, warum ist – so spät – mein Leben erwacht?
Erwacht ist mein Leben,
das Wasser schwillt und treibt,
des Lebens Durst und Drang kann ich nicht hemmen.
Der Fels erzittert und bebt,
Steine kollern und poltern zu Tal,
schäumend und sprühend tobt
das Wasser mit mächtigem Dröhnen.
Hierhin, dorthin rennt es närrisch
wild im Strudel rund und rund …
Ins Freie hinaus! Wo ist das Tor aus dem Kerker?
Warum ist Gott so hart wie Stein,
warum das Wasser ganz umschlossen?
Brich, Herz, die Fesseln, brich sie auf,
des Lebens Bestimmung erfülle!
Welle auf Welle stürzt zu Tal,
Schlag um Schlag zermürbe den Stein!
Wenn Leben sich wild empört,
kennt es kein Enges, kein Hartes mehr.
Wenn Sehnen und Streben überquellen,
fürchten sie nichts auf der Welt.

Ströme der Güte gieß ich aus,
meinen Felsenkeller brech ich auf,
überflutend die Welt, tose ich dröhnend hinab, ich wilder Narr.
Die Haare aufgelöst, raffe ich Blumen,
flattre ich, regenbogenbunte Flügel schlagend;
Lachen streu ich auf die Sonnenstrahlen: So gieß ich aus mein Leben.
Von Fels zu Fels springe ich,
von Kuppe zu Kuppe rinne ich,
mein Lachen schallt, mein Singen hallt, den Takt schlag ich dazu.
So viel zu sagen, so viel zu singen, so viel Kraft hab ich!

So groß ist mein Glück, so tief die Lust, verzückt vom Leben bin ich.
Mein Leben ist heute erwacht, ich weiß nicht warum;
von fern hör ich des Meeres Lieder raunen.
    Ach, dumpf und schrecklich
    ist mein Kerker rundherum.
Brich den Kerker, brich ihn Schlag um Schlag.
Wie herrlich singen heut die Vögel.
    Ein Strahl der Sonne rührt mich an.

Rabindranath Tagore

An den Mistral

Ein Tanzlied

Mistral-Wind, du Wolken-Jäger,
Trübsal-Mörder, Himmels-Feger,
brausender, wie lieb' ich dich!
Sind wir zwei nicht eines Schoßes
Erstlingsgabe, Eines Loses
Vorbestimmte ewiglich?

Hier auf glatten Felsenwegen
lauf ich tanzend dir entgegen,
tanzend, wie du pfeifst und singst:
der du ohne Schiff und Ruder
als der Freiheit freister Bruder
über wilde Meere springst.

Kaum erwacht, hört' ich dein Rufen,
stürmte zu den Felsenstufen,
hin zur gelben Wand am Meer.
Heil! da kamst du schon gleich hellen
diamantnen Stromesschnellen
sieghaft von den Bergen her.

Auf den ebnen Himmels-Tennen
sah ich deine Rosse rennen,

sah den Wagen, der dich trägt,
sah die Hand dir selber zücken,
wenn sie auf der Rosse Rücken
blitzesgleich die Geißel schlägt. –

Sah dich aus dem Wagen springen,
schneller dich hinabzuschwingen,
sah dich wie zum Pfeil verkürzt
senkrecht in die Tiefe stoßen, -
wie ein Goldstrahl durch die Rosen
erster Morgenröten stürzt.

Tanze nun auf tausend Rücken,
Wellen-Rücken, Wellen-Tücken -
Heil, wer *neue* Tänze schafft!
Tanzen wir in tausend Weisen,
frei – sei *unsre* Kunst geheißen,
fröhlich – *unsre* Wissenschaft!

Raffen wir von jeder Blume
eine Blüte uns zum Ruhme
und zwei Blätter noch zum Kranz!
Tanzen wir gleich Troubadouren
zwischen Heiligen und Huren,
zwischen Gott und Welt den Tanz!

Wer nicht tanzen kann mit Winden,
wer sich wickeln muß mit Binden,
angebunden, Krüppel-Greis,
wer da gleicht den Heuchel-Hänsen,
Ehren-Tölpeln, Tugend-Gänsen,
fort aus unsrem Paradeis.

Wirbeln wir den Staub der Straßen
allen Kranken in die Nasen,
scheuchen wir die Kranken-Brut!
Lösen wir die ganze Küste

von dem Odem dürrer Brüste,
von den Augen ohne Mut!

Jagen wir die Himmels-Trüber,
Welten-Schwärzer, Wolken-Schieber,
hellen wir das Himmelreich!
Brausen wir … o aller freien
Geister Geist, mit dir zu zweien
braust mein Glück dem Sturme gleich. –

– Und daß ewig das Gedächtnis
solchen Glücks, nimm sein Vermächtnis,
nimm den *Kranz* hier mit hinauf!
Wirf ihn höher, ferner, weiter,
stürm' empor die Himmelsleiter,
häng' ihn – an den Sternen auf!

Friedrich Nietzsche

Die Wunderharfe

Kennen Sie das taoistische Märchen von der Zähmung der Harfe?

Vor langer, langer Zeit stand in der Schlucht von Lungmen ein Kiri-Baum, ein wahrhafter König des Waldes. Er reckte seine Krone so hoch, daß er mit den Wolken sprechen konnte; seine Wurzeln reichten tief in die Erde, wo ihre bronzefarbenen Locken sich mit denen des silbernen Drachens vermischten, der darunter schlief. Und eines Tages geschah es, daß ein mächtiger Zauberer aus diesem Baum eine wundersame Harfe fertigte, deren widerstrebender Geist nur vom größten aller Musiker gezähmt werden konnte. Lange Zeit befand sich das Instrument im Besitz des Kaisers von China, aber alle Bemühungen, seinen Saiten eine Melodie zu entlocken, waren vergebens. Selbst wenn man sich noch so sehr mühte – aus der Harfe erklangen nur harte, verächtliche Töne, die nicht zu den Liedern paßten, die die Musiker gern gesungen hätten. Die Harfe wollte keinen von ihnen als ihren Meister anerkennen.

Zuletzt kam Pei-ya, der Prinz unter den Harfespielern. Er strich mit zarter Hand über die Harfe, wie jemand, der ein widerspenstiges Pferd besänftigen will, und berührte sachte die Saiten. Er sang von der Natur und den Jahreszeiten, von hohen Bergen und fließenden Wassern, und alle Erinnerungen des Baumes erwachten! Noch einmal spürte er den süßen Atem des Frühlings in seinen Ästen. Die frischen Wasserfälle, die die Schlucht hinuntersprangen, lachten den knospenden Blumen zu. Alsbald hörte man die träumenden Stimmen des Sommers mit seinen Myriaden von Insekten, dem sanften Plätschern des Regens, dem Wehklagen des Kuckucks. Horch! Ein Tiger brüllt – im Tal hallt sein Schrei wider. Es ist Herbst, in der Verlassenheit der Nacht scheint der Mond scharf wie ein Schwert auf das bereifte Gras. Nun herrscht Winter, und durch die schneeige Luft wirbeln Scharen von Schwänen, und auf die Zweige prasseln Hagelkörner mit grimmigem Vergnügen.

Dann wechselte Pei-ya die Tonart und sang von der Liebe. Der Wald wiegte sich wie ein entflammter Liebhaber, tief in Gedanken verloren. Hoch oben zog eine hell leuchtende Wolke vorüber, stolz wie ein hochmütiges Mädchen; indem sie weiterzog, warf sie lange Schatten auf den Boden, schwarz wie die Verzweiflung. Wiederum wechselte die Tonart: Pei-ya sang vom Krieg, von klirrendem Stahl und stampfenden Streitrössern. Und in der Harfe erwuchs der Sturm von Lungmen, der Drachen ritt auf dem Blitz, die Lawine brach donnernd durch die Hügel. Von Begeisterung erfüllt, fragte der chinesische Kaiser Pei-ya, worin das Geheimnis seines Sieges liege. „Herr", antwortete dieser, „andere haben versagt, weil sie nur von sich selbst gesungen haben. Ich überließ es der Harfe, das Thema zu wählen, und ich wußte nicht mehr genau, ob die Harfe Pei-ya war oder Pei-ya die Harfe."

Diese Geschichte illustriert das Geheimnis der Wertschätzung von Kunst. Das Meisterwerk ist eine Symphonie, die auf unseren reinsten Gefühlen erklingt. Die wahre Kunst ist Pei-ya, und wir sind die Harfe von Lungmen. In der magischen Berührung durch das Schöne werden die geheimsten Saiten unseres Seins zum Schwingen gebracht, wir vibrieren, tief berührt von seinem Ruf. Gemüt spricht zu Gemüt. Wir hören auf das Unausgesprochene, werfen einen Blick auf das Ungesehene. Der Meister ruft in uns bisher nie gekannte Klänge wach. Lang vergessene Erinnerungen kehren in neuer Bedeutung zu uns zurück. Jahrelang unterdrückte Hoffnungen, Sehnsüchte, die wir uns nicht einzugestehen wagten, erwachen in neuem Glanz. Unser Gemüt ist die Leinwand, auf die die Künstler ihre Farben auftragen; ihre Pigmente sind unsere Empfindungen; ihr Helldunkel ist das Licht unserer Freude, der Schatten der Traurigkeit. Das Meisterwerk ist Teil unserer selbst, wir sind Teil des Meisterwerkes.

Kakuzo Okakura

Künstler sind Magier

An Tagen in New York, an denen ich deprimiert war, konnte ich ins Metropolitan Museum of Art gehen und die „Sonne" von Lippold betrachten. Einige von Ihnen haben sie sicher gesehen. Sie nimmt den ganzen Raum ein. Sie ist tatsächlich strahlender als unsere natürliche Sonne. Und indem ich einfach dasaß und Lippolds Sonne betrachtete, pflegte meine Melancholie zu verschwinden. Aus diesem Grunde nenne ich Künstler Magier, weil sie die Gegengifte bereithalten, die uns heilen, wenn wir niedergeschlagen sind oder wenn Verzweiflung und Kummer über das, was draußen geschieht, uns packt. Das Vermögen, etwas aus Ton, Glas, Fetzchen oder Stückchen, Schrotteilen und allem nur möglichen zu schaffen, ist der Beweis für die Kreativität des Menschen und die Magie der Kunst.

Anaïs Nin

Ich hätte zu einer Zeit geboren werden mögen, da Dichter sein hieß: alles, was ist, besingen, indem man es einfach aufzählt. – Bewundernd hätte ich nacheinander jedes Ding gepriesen und durch mein Lob ihm sein Wesen enthüllt; und jegliches hätte in meinem Lob den Grund seines Daseins gefunden.

André Gide

Das Buch der Freude

Ein Brausen von Worten fängt an in meinem Kopf und dann ein Leuchten, einige Silben flimmern schon auf, und aus allen Satzschachteln fliegen bunte Kommas, und die Punkte, die einmal schwarz waren, schweben aufgeblasen zu Luftballons an meine Hirndecke, denn in dem Buch, das herrlich ist und das ich also zu finden anfange, wird alles sein wie *Esulate Jubilate.* Wenn es dieses Buch geben sollte, und eines Tages wird es das geben müssen, wird man sich vor Freude auf den Boden werfen, bloß weil man eine Seite daraus gelesen hat, man wird einen Luftsprung tun, es wird einem geholfen sein, man liest weiter und beißt sich in die Hand, um vor Freude nicht aufschreien zu müssen, es ist kaum auszuhalten, und wenn man auf dem Fensterbrett sitzt und weiterliest, wirft man den Leuten auf der Straße Konfetti hinunter, damit sie erstaunt stehenbleiben, als wären sie in einen Karneval geraten, und man wirft Äpfel und Nüsse, Datteln und Feigen hinunter, als wäre Nikolaustag, man beugt sich, ganz schwindelfrei, aus dem Fenster und schreit: Hört nur, hört! schaut nur, schaut! ich habe etwas Wunderbares gelesen, darf ich es euch vorlesen, kommt näher alle, es ist zu wunderbar!

Und die Leute fangen an stehenzubleiben und aufzumerken, es sammeln sich immer mehr Leute an, und Herr Breitner grüßt einmal zur Abwechslung, er muß nicht mehr beweisen, mit seinen Krücken, daß er der einzige Krüppel ist, er krächzt freundlich grüß Gott und guten Tag, und die dicke Kammersängerin, die sich nur nachts aus dem Haus traut und in Taxis abfährt oder vorfährt, wird etwas dünner, sie nimmt in einem einzigen Moment fünfzig Kilo ab, sie zeigt sich im Stiegenhaus, sie schreitet theatralisch, ohne Atemnot, bis zum Mezzanin, wo sie mit ihrer Koloratur beginnt, einer um zwanzig Jahre verjüngten Stimme: cari amici, teneri compagni! und niemand sagt herablassend, das haben wir von der Schwarzkopf und von der Callas schon besser gehört, auch das Wort „fette Wachtel" ist aus dem Stiegenhaus verschwunden, und die Leute aus dem dritten Stock sind rehabilitiert, eine Intrige hat sich in Nichts aufgelöst. Soviel bewirkt die Nachfreude, weil es endlich ein herrliches Buch auf Erden gibt, und ich mache mich auf und suche nach seinen ersten Seiten für Ivan, ich mache ein geheimnisvolles Gesicht, denn es soll eine Überraschung für ihn werden.

Ingeborg Bachmann, „Malina"

Bücher, die tanzen lehren

Es gibt Schriftsteller, welche dadurch, daß sie Unmögliches als möglich darstellen und vom Sittlichen und Genialen so reden, als ob beides nur eine Laune, ein Belieben sei, ein Gefühl von übermütiger Freiheit hervorbringen, wie wenn der Mensch sich auf die Fußspitzen stellte und vor innerer Lust durchaus tanzen müßte.

Friedrich Nietzsche

Zuzeiten wurde meine Freude so groß, daß ich etwas von ihr mitteilen wollte – irgendeinen lehren, was sie in mir so lebendig machte.

André Gide

Der Flug der Gedanken

Da ist auch die Macht und Magie des Geschichtenerzählens, die einen am Leben erhält, so daß man nie der schrecklichen Verzweiflung erliegt wie diejenigen, die nicht über das Tagesgeschehen hinaussehen können. Die Magie des Geschichtenerzählens liegt in der Freude an einem Flug der Gedanken, der einen in ein anderes Reich trägt. Wir betreten das Reich der Poesie und Kunst und entdecken voller Freude, daß wir zu fliegen fähig sind. Vom Dichter lernen wir, der Schwerkraft zu entfliehen und uns über die Dinge zu erheben, die uns sonst in das ganz prosaische, fest verstrickte Leben des Alltags herabziehen, ein Leben, das in der Geschichte verfangen ist.

Wir haben diese wunderbare Kraft zu fliehen, aber es ist nicht Flucht im negativen Sinn des Wortes; es ist eine Flucht wie die von Olivier Messiaen, der in einem Konzentrationslager das herrliche Stück für Klarinette komponierte, „Die Seele eines Vogels". Diese Art der Flucht meine ich. Diese Komposition hat ihm wahrscheinlich geholfen, jene Erfahrung zu überleben, und ich kann mir keine schrecklichere vorstellen. Wenn aber Menschen nicht über die Mauern hinwegsehen können und ihnen die Perspektive und Gabe des Geschichtenerzählens fehlt, wenn sie sich nicht von den Ereignissen lösen können, dann ist Zerrüttung die Folge, und wir verzweifeln.

Anaïs Nin

Die Heiterkeit der Dichter

Ein weiterer großartiger Zug paßt so recht zu Shakespeare: Die Heiterkeit, ohne die kein Dichter sein kann – denn sein Ziel ist Schönheit. Er liebt die Tugend nicht aus Pflichtgefühl, sondern um ihrer Anmut willen, er freut sich an der Welt, an Männern und Frauen, wegen des lieblichen Lichts, das von ihnen ausgeht. Bei Epikur heißt es, die Dichtkunst habe solche Zauberkräfte, daß ein Liebender um ihretwillen seine Geliebte verlassen könnte. Und wahre Dichter waren immer für ein starkes und heiteres Temperament bekannt. Homer ist voll Sonnenschein, Chaucer fröhlich und positiv, und Saadi sagt: „Das Gerücht geht um, ich würde Buße tun, aber was hätte ich denn zu bereuen?" Nicht weniger souverän und heiter, ja noch weit mehr, ist Shakespeares Haltung. Sein Name läßt die Menschen an Freude und Befreiung denken. Wenn er in einer Gesellschaft von Menschen auftauchte, wer würde ihm nicht gerne folgen wollen?

Ralph Waldo Emerson

So groß ist die Macht der Ironie, die ich in Ihrer Dichtung finde, daß ich mich frei fühle, obwohl ich in einem Loch sitze, daß ich mich über meine Gefängnisaufseher mokiere, weil ich freier bin als sie, weil ich in meiner Seele die ewige Freude der Poesie trage.

Brief eines Gefangenen an Heinrich Heine

Lesen

Ich packte mir ein Buch mit dem Titel „Drangsale eines Chinesen in China“ und zog damit in einen Abstellraum; dort hockte ich mich auf ein Eisenbett und tat so, als läse ich: mit den Augen folgte ich den schwarzen Linien, ohne auch nur eine einzige zu überschlagen, und erzählte mir dazu laut eine Geschichte, wobei ich mich bemühte, jede Silbe auszusprechen. Man ertappte mich – oder ich ließ mich ertappen –, es machte großes Aufsehen, man beschloß, nun sei es an der Zeit, mir das Alphabet beizubringen. Ich war eifrig wie ein Kind beim Katechismus-Unterricht; ich ging so weit, mir Nachhilfestunden zu geben: ich kletterte auf mein Eisenbett mit dem Buch „Heimatlos“ von Hector Malot, das ich auswendig kannte; halb rezitierte ich, halb entzifferte ich, ich nahm mir eine Seite nach der anderen vor: als die letzte Seite umgeblättert war, konnte ich lesen.

Ich war verrückt vor Freude; jetzt hatte ich sie für mich, diese getrockneten Stimmen in ihren kleinen Herbarien, diese Stimmen, die mein Großvater durch seinen Blick zum Klingen brachte, die er hörte, die ich nicht hörte! Ich sollte sie hören, ich sollte mich erfüllen mit ihren formvollen Reden, ich sollte alles wissen. Man ließ mich in der Bibliothek vagabundieren, und ich stürmte los auf die menschliche Weisheit.

Jean-Paul Sartre

*I*ch will *nichts* mit meinen Büchern sagen. Und ich schreibe für niemanden anders als für mich selbst, ich schreibe, weil es solchen Spaß macht und weil ich das Kind, das ich einmal gewesen bin, unterhalten will. Aber niemand freut sich mehr als ich, wenn ich euch mit meinen Büchern froh mache.

Astrid Lindgren

*F*ür mich ist Literatur der Weg, auf dem mir am meisten Spielfreude begegnet … für mich, und vielleicht ein paar andere.

Adolf Muschg

Kinderspiele

*W*ie haben wir *gespielt.* Vom Morgen bis zum Abend. Unermüdlich, mit Eifer und Freude. Wir sind auf die höchsten Bäume geklettert und sind zwischen den Bretterstapeln bei der Säge hin und her gesprungen. Wir balancierten auf dem Dachfirst von unsrem Haus entlang – es war ziemlich hoch –, und wenn wir runtergefallen wären, fürchte ich, dann wäre es ausgespielt gewesen. Wir bauten uns Geheimhöhlen im Heu auf dem Heuboden und unterirdische Gänge und Höhlen in den hohen Sägespänehaufen. Wir bauten uns Spielhütten und Höhlen in den Hainen rund um unser Zuhause, auf dem Boden überm Schafstall spielten wir Zirkus und im Dunkel der Herbstabende Hexe. Wir hatten entsetzliche Angst vor der Hexe, die uns verhexen würde. Dabei wußten wir, daß es doch nur unsere jüngste Schwester war, die wir immer dazu zwangen, Hexe zu sein. Und die Arme hatte noch mehr Angst als wir, wenn sie allein in der Dunkelheit hinter einer Hausecke stand.

Wir spielten auch den Inhalt aus allen Büchern nach, die wir lasen, und siedelten die Geschichten an geeigneten Orten in der Umgebung an. Daher kommt es, daß die Jauchegrube hinterm Kuhstall die Dunkle Spiegelnde Woge wurde, als wir „Anne auf Grönkulla" lasen, und ich mit meinem Flachshaar wurde die schöne, dunkelhaarige Diana Barry.

Im Haus bauten wir uns Räuberhöhlen auf dem Dachboden und spielten „Nicht den Fußboden berühren“ im Schlafzimmer. Es kam darauf an, daß man im ganzen Zimmer herumkletterte, ohne den Fußboden auch nur mit dem Zeh zu berühren. Das war ein Unternehmen, das ziemlich große Gelenkigkeit verlangte und das im Lauf der Zeit auf unseren Möbeln unauslöschliche Spuren hinterlassen haben muß, aber man ließ uns gewähren. Wir hatten noch ein Spiel, das wir im Haus spielten, und das hieß „Kickse-kickse-hu“, ein wildes Laufspiel, das für den, der in der Küche arbeitete, sehr lästig war – aber man ließ uns gewähren. Ein anderes Spiel hieß „Was für'n Kuchen“, und der Schlußeffekt bestand darin, daß wir alle auf einem Haufen in Vaters Bett lagen und vor Lachen brüllten.

Astrid Lindgren

Freude am Unsinn

Wie kann der Mensch Freude am Unsinn haben? Soweit nämlich auf der Welt gelacht wird, ist dies der Fall; ja man kann sagen, fast überall wo es Glück gibt, gibt es Freude am Unsinn. Das Umwerfen der Erfahrung ins Gegenteil, des Zweckmäßigen ins Zwecklose, des Notwendigen ins Beliebige, doch so, daß dieser Vorgang keinen Schaden macht und nur einmal aus Übermut vorgestellt wird, ergötzt, denn es befreit uns momentan von dem Zwange des Notwendigen, Zweckmäßigen und Erfahrungsgemäßen, in denen wir für gewöhnlich unsere unerbittlichen Herren sehn; sie spielen und lachen dann, wenn das Erwartete (das gewöhnlich bange macht und spannt) sich ohne zu schädigen entladet. Es ist die Freude der Sklaven am Saturnalienfeste.

Friedrich Nietzsche

Fürchte nicht, dich zu unterhalten. Freude brütet Erfolg. Pläne, im Unbewußten aus der Heiterkeit geboren, reißen dann schon von selbst den Körper mit, sie auszuwirken. Eine auskömmliche Stellung mit Pensionsberechtigung in was immer für einer Branche ist nicht der Weg zu dauerndem und immer steigendem Erfolg.

Prentice Mulford

Die Spiele Gottes

Selbst Menschen, die sich für ernsthafte Sucher halten, enden häufig in einem traurig verkümmerten Leben. Obwohl man nicht ernsthaft genug bei seiner Suche sein kann, so kann man doch auf falsche Weise ernsthaft sein. Und es gibt nichts Ernsthafteres als das Spiel. Kinder wissen das. Und auch das Kind in uns vergißt das nie. Man kann Verdrießlichkeit von echter Ernsthaftigkeit am Fehlen des Spielerischen unterscheiden. Auf ernsthafte Weise zu suchen heißt spielerisch zu suchen. Und die freudenreichsten Geheimnisse im Leben lehren uns auf spielerische Weise. Der bei weitem umfangreichste Teil der Übung im Glauben besteht darin, Gottes Spiele zu erlernen. Bestehen wir darauf, daß Gott ernsthafter sein sollte, dann entgeht uns die Freude. Dabei aber entgeht uns der entscheidende Punkt. (Der entscheidende Punkt? Nun, das ist jener Punkt im Herzen aller Dinge, wo der Kern der Zuverlässigkeit spielerisch versteckt ist) … Wenn unsere Ernsthaftigkeit eine spielerische Ernsthaftigkeit ist, dann wird ein Großteil unseres Lebens ein Kinderspiel sein, eine Freude nach der anderen.

David Steindl-Rast

Das Leben: ein Spiel

Du bist acht Jahre alt. Es ist Sonntagabend. Du darfst eine Stunde länger aufbleiben.

Die Familie spielt Monopoly. Man hat dir erlaubt, mitzuspielen.

Du verlierst. Du verlierst immer mehr. Dein Magen krampft sich vor Angst zusammen. Du bist fast deinen ganzen Besitz los. Der Geldhaufen vor dir ist auf ein Nichts zusammengeschmolzen. Deine Brüder schnappen sich alle Häuser von deinen Straßen. Die letzte Straße wird verkauft. Du mußt aufgeben. Du hast verloren. Der Schweiß steht auf deiner Stirn.

Und plötzlich weißt du, daß es nur ein Spiel ist. Du springst vor Freude auf und wirfst die große Lampe um. Sie fällt auf den Boden und reißt eine Teekanne mit sich. Die anderen sind böse auf dich, aber du lachst, als du die Treppe hinaufgehst. Du weißt, daß du nichts bist, und du weißt, daß du nichts hast. Und du weißt, daß Nichtssein und Nichtshaben dir eine unermeßliche Freiheit geben.

Später verschwindet das Gefühl, aber du erinnerst dich, daß du es gehabt hast. Du weißt, daß du einmal, als du acht Jahre alt warst, Freiheit kennengelernt hast.

Janwillem van de Wetering

Die Kunst der Meditation

*I*n gewisser Hinsicht ist Meditation eine Kunst, und man sollte sie mit der Freude und dem schöpferischen Erfindungsreichtum eines Künstlers angehen.

Wir sind voll genialer Ideen und Erfindungsgeist, wenn es darum geht, in der Welt des ehrgeizigen Wettkampfes und der Neurosen zu leben. Die gleiche Fülle an Inspiration sollten wir der Suche nach unserem inneren Frieden widmen. Es gibt so viele Möglichkeiten, den Zugang zur Meditation so freudvoll wie nur möglich zu gestalten. Sie finden vielleicht ein Musikstück, das Sie berührt und das Sie nutzen können, um Ihr Herz und Ihren Geist zu öffnen. Sie können Gedichte sammeln oder Zitate aus den Lehren, die Sie über die Jahre inspiriert haben, und diese immer wieder zur Hand nehmen, um Ihren Geist zu erheben. Ich zum Beispiel liebe die tibetische Thangka-Malerei und schöpfe Kraft aus ihrer Schönheit. Auch Sie können Bilder finden, die ein erhebendes Gefühl in Ihnen hervorrufen, und Ihr Zimmer damit schmücken. Hören Sie sich eine Kassette mit der Belehrung eines großen Meisters an, oder einen spirituellen Gesang. Schon mit nur einer Blume, einem Räucherstäbchen, einer Kerze, einem Photo eines erleuchteten Meisters, der Statue einer Gottheit oder eines Buddha können Sie aus dem Ort, an dem Sie meditieren, ein schlichtes Paradies machen. Sie können das gewöhnlichste Zimmer in ein intimes Heiligtum verwandeln, in eine Umgebung, in der Sie Tag für Tag Ihrem wahren Selbst begegnen, mit all der Freude und fröhlichen Festlichkeit eines Wiedersehens alter Freunde.

Wenn sich Meditation in Ihrer Stadtwohnung nicht natürlich einstellt, seien Sie erfinderisch und gehen Sie hinaus in die Natur. Die Natur ist eine nie versiegende Quelle der Inspiration. Gehen Sie – um Ihren Geist zu beruhigen – zur Dämmerung im Park spazieren. Oder betrachten Sie den Tau auf einer Rose im Garten. Legen Sie sich auf die Erde, schauen Sie in den Himmel und lassen Sie Ihren Geist sich in seine Weite hinein öffnen. Lassen Sie den äußeren Himmel einen Himmel in Ihnen erwecken. Rasten Sie an einem Fluß und mischen Sie Ihren Geist mit seiner Strömung, werden Sie eins mit seinem unaufhörlichen Klang. Setzen Sie sich an einen Wasserfall und lassen Sie sein heilsames Lachen Ihren Geist reinigen. Gehen Sie am Meeresstrand spazieren und spüren Sie die salzige Brise voll und frisch im Gesicht. Erfreuen Sie sich an der Schönheit des Mondlichts und lassen Sie sich davon ins Gleichgewicht bringen. Ruhen Sie an einem See oder in einem Garten, atmen Sie ruhig und lassen Sie den Geist still werden mit dem langsamen, majestätischen Aufgehen des Mondes in einer wolkenlosen Nacht.

Alles kann Einladung zur Meditation sein. Ein Lächeln, ein Gesicht in der U-Bahn, der Anblick einer kleinen Blume, die aus einem Riß im Beton wächst, der reiche Faltenwurf eines Stoffes im Schaufenster, das Sonnenlicht auf einer Blume auf der Fensterbank. Seien Sie wach für jedes Zeichen von Schönheit und Anmut. Bringen Sie jede Freude dar, seien Sie sich immer der „Botschaft, die ständig aus der Stille kommt", bewußt.

So werden Sie langsam zum Meister Ihrer eigenen Glückseligkeit, zum Alchimisten Ihrer eigenen Freude. Sie haben alle Mittel und Rezepte stets zur Hand, durch die Sie jeden Ihrer Atemzüge und jede Bewegung mit Heiterkeit, Licht und Inspiration zu tränken vermögen. Was zeichnet jemanden aus, der wahrhaft einen spirituellen Weg geht? Es ist jemand, der immer in der Gegenwart seines wahren Selbst lebt, ein Mensch, der die Quellen tiefster Inspiration gefunden hat und sich unaufhörlich an ihnen labt. Lewis Thompson, ein moderner englischer Schriftsteller, schrieb: „Christus lebte als größter Poet die Wahrheit so leidenschaftlich, daß jede seiner Gesten – gleichzeitig reine Tat und vollkommenes Symbol – das Transzendente verkörpert."

Das Transzendente zu verkörpern, dafür sind wir auf dieser Welt.

Sogyal Rinpoche

Freude ist Leid ohne Maske

Vom Lachen, das den Schmerz mit einschließt

Einhorn

Die Freude
dieses bescheidenste Tier
dies sanfte Einhorn

so leise
man hört es nicht
wenn es kommt, wenn es geht
mein Haustier
Freude

wenn es Durst hat
leckt es die Tränen
von den Träumen.

Hilde Domin

Der Fuchs und der kleine Prinz

In diesem Augenblick erschien der Fuchs:

„Guten Tag“, sagte der Fuchs.

„Guten Tag“, antwortete höflich der kleine Prinz, der sich umdrehte, aber nichts sah.

„Ich bin da“, sagte die Stimme, „unter dem Apfelbaum …“

„Wer bist du?“ sagte der kleine Prinz. „Du bist sehr hübsch …“

„Ich bin ein Fuchs“, sagte der Fuchs.

„Komm und spiel mit mir“, schlug ihm der kleine Prinz vor. „Ich bin so traurig …“

„Ich kann nicht mit dir spielen“, sagte der Fuchs. „Ich bin noch nicht gezähmt!“

„Ah, Verzeihung!“ sagte der kleine Prinz.

Aber nach einiger Überlegung fügte er hinzu:

„Was bedeutet das: ‚zähmen‘?“

„Du bist nicht von hier“, sagte der Fuchs, „was suchst du?“

„Ich suche die Menschen“, sagte der kleine Prinz. „Was bedeutet ‚zähmen‘?“

„Die Menschen“, sagte der Fuchs, „die haben Gewehre und schießen. Das ist sehr lästig. Sie ziehen auch Hühner auf. Das ist ihr einziges Interesse. Du suchst Hühner?“

„Nein“, sagte der kleine Prinz, „ich suche Freunde. Was heißt ‚zähmen‘?“

„Das ist eine in Vergessenheit geratene Sache“, sagte der Fuchs. „Es bedeutet: sich ‚vertraut machen‘.“

„Vertraut machen?“

„Gewiß“, sagte der Fuchs. „Du bist für mich noch nichts als ein kleiner Knabe, der hunderttausend kleinen Knaben völlig gleicht. Ich brauche dich nicht, und du brauchst mich ebensowenig. Ich bin für dich nur ein Fuchs, der hunderttausend Füchsen gleicht. Aber wenn du mich zähmst, werden wir einander brauchen. Du wirst für mich einzig sein in der Welt. Ich werde für dich einzig sein in der Welt ...“

„Ich beginne zu verstehen“, sagte der kleine Prinz. „Es gibt eine Blume ... ich glaube, sie hat mich gezähmt ...“

„Das ist möglich“, sagte der Fuchs. „Man trifft auf der Erde alle möglichen Dinge ...“

„Oh, das ist nicht auf der Erde“, sagte der kleine Prinz.

Der Fuchs schien sehr aufgeregt:

„Auf einem anderen Planeten?“

„Ja.“

„Gibt es Jäger auf diesem Planeten?“

„Nein.“

„Das ist interessant! Und Hühner?“

„Nein.“

„Nichts ist vollkommen!“ seufzte der Fuchs.

Aber der Fuchs kam auf seinen Gedanken zurück:

„Mein Leben ist eintönig. Ich jage Hühner, die Menschen jagen mich. Alle Hühner gleichen einander, und alle Menschen gleichen einander. Ich langweile mich also ein wenig. Aber wenn du mich zähmst, wird mein Leben wie durchsonnt sein. Ich werde den Klang deines Schrittes kennen, der sich von allen andern unterscheidet. Die anderen Schritte jagen mich unter die Erde. Der deine wird mich wie Musik aus dem Bau locken. Und dann schau! Du siehst da drüben die Weizenfelder? Ich esse kein Brot. Für mich ist der Weizen zwecklos. Die Weizenfelder erinnern mich an nichts. Und das ist traurig. Aber du hast weizenblondes Haar. Oh, es wird wunderbar sein, wenn du mich einmal gezähmt hast! Das Gold der Weizenfelder wird mich an dich erinnern. Und ich werde das Rauschen des Windes im Getreide lieb gewinnen."

Der Fuchs verstummte und schaute den Prinzen lange an:

„Bitte … zähme mich!" sagte er.

„Ich möchte wohl", antwortete der kleine Prinz, „aber ich habe nicht viel Zeit. Ich muß Freunde finden und viele Dinge kennen lernen."

„Man kennt nur die Dinge, die man zähmt", sagte der Fuchs. „Die Menschen haben keine Zeit mehr, irgend etwas kennen zu lernen. Sie kaufen sich alles fertig in den Geschäften. Aber da es keine Kaufläden für Freunde gibt, haben die Leute keine Freunde mehr. Wenn du einen Freund willst, so zähme mich!"

„Was muß ich da tun?" sagte der kleine Prinz.

„Du mußt sehr geduldig sein", antwortete der Fuchs. „Du setzt dich zuerst ein wenig abseits von mir ins Gras. Ich werde dich so verstohlen, so aus dem Augenwinkel anschauen, und du wirst nichts sagen. Die Sprache ist die Quelle der Mißverständnisse. Aber jeden Tag wirst du dich ein bißchen näher setzen können …"

Am nächsten Morgen kam der kleine Prinz zurück.

„Es wäre besser gewesen, du wärst zur selben Stunde wiedergekommen", sagte der Fuchs. „Wenn du zum Beispiel um vier Uhr nachmittags kommst, kann ich um drei Uhr anfangen, glücklich zu sein. Je mehr die Zeit vergeht, um so glücklicher werde ich mich fühlen. Um vier Uhr werde ich mich schon aufregen und beunruhigen; ich werde erfahren, wie teuer das Glück ist. Wenn du aber irgendwann kommst, kann ich nie wissen, wann mein Herz da sein soll … Es muß feste Bräuche geben."

„Was heißt ‚fester Brauch'?" sagte der kleine Prinz.

„Auch etwas in Vergessenheit Geratenes", sagte der Fuchs. „Es ist das, was einen Tag vom andern unterscheidet, eine Stunde von den andern Stunden. Es gibt zum Beispiel einen Brauch bei meinen Jägern. Sie tanzen am Donnerstag mit den Mädchen des Dorfes. Daher ist der Donnerstag der wunderbare Tag. Ich gehe bis zum Weinberg spazieren. Wenn die Jäger irgendwann einmal zum Tanze gingen, wären die Tage alle gleich und ich hätte niemals Ferien."

So machte denn der kleine Prinz den Fuchs mit sich vertraut. Und als die Stunde des Abschieds nahe war:

„Ach!" sagte der Fuchs, „ich werde weinen."

„Das ist deine Schuld", sagte der kleine Prinz, „ich wünschte dir nichts Übles, aber du hast gewollt, daß ich dich zähme …"

„Gewiß", sagte der Fuchs.

„Aber nun wirst du weinen!" sagte der kleine Prinz.

„Bestimmt", sagte der Fuchs.

„So hast du also nichts gewonnen!"

„Ich habe", sagte der Fuchs, „die Farbe des Weizens gewonnen."

Antoine de Saint-Exupéry, „Der Kleine Prinz"

Glück verbreiten

Lange schon will es mir scheinen, daß die Freude schöner, seltener sei, aber auch schwieriger zu erreichen als die Trauer. Als ich diese Entdeckung gemacht hatte – zweifellos die wichtigste, die sich während dieses Lebens machen läßt –, wurde die Freude für mich nicht nur ein natürliches Bedürfnis (was sie schon immer war), sondern mehr noch eine moralische Verpflichtung. Mir schien, es sei das beste und sicherste Mittel, Glück um sich zu verbreiten, ihm selbst Ausdruck zu geben, und ich beschloß, glücklich zu sein.

Ich hatte geschrieben: „Nur den wird man wahrhaft stark nennen, der denkt und trotzdem glücklich ist"; denn was liegt mir an einem Glück, das auf Unwissenheit beruht. Im ersten Satz, den Christus sprach, wird die Trauer in die Freude eingeschlossen: Selig sind die, die da Leid tragen. Und der versteht diese Worte schlecht, der darin nur eine Ermutigung zum Leidtragen sieht!

André Gide

Von der Freude und vom Leid

Dann sagte eine Frau: Sprich uns von der Freude und vom Leid.

Und er antwortete:

Eure Freude ist euer Leid ohne Maske.

Und derselbe Brunnen, aus dem euer Lachen aufsteigt, war oft von euren Tränen erfüllt.

Und wie könnte es anders sein?

Je tiefer sich das Leid in euer Sein eingräbt, desto mehr Freude könnt ihr fassen.

Ist nicht der Becher, der euren Wein enthält, dasselbe Gefäß, das im Ofen des Töpfers gebrannt wurde?

Und ist nicht die Laute, die euren Geist besänftigt, dasselbe Holz, das mit Messern ausgehöhlt wurde?

Wenn ihr fröhlich seid, schaut tief in eure Herzen, und ihr werdet finden, daß nur das, was euch Leid bereitet hat, euch auch Freude gibt.

Wenn ihr traurig seid, schaut wieder in eure Herzen, und ihr werdet sehen, daß die Wahrheit um das weint, was euch Vergnügen bereitet hat.

Einige von euch sagen: „Freude ist größer als Leid", und andere sagen: „Nein, Leid ist größer."

Aber ich sage euch, sie sind untrennbar.

Sie kommen zusammen, und wenn einer allein mit euch am Tische sitzt, denkt daran, daß der andere auf eurem Bett schläft.

Wahrhaftig, wie die Schalen einer Waage hängt ihr zwischen eurem Leid und eurer Freude.

Nur wenn ihr leer seid, steht ihr still und im Gleichgewicht.

Wenn der Schatzhalter euch hochhebt, um sein Gold und sein Silber zu wiegen, muß entweder eure Freude oder euer Leid steigen oder fallen.

Khalil Gibran

*E*s kann nichts wachsen und nichts so tief vergehen, wie der Mensch. Mit der Nacht des Abgrunds vergleicht er oft sein Leiden und mit dem Aether seine Seligkeit, und wie wenig ist dadurch gesagt?

Aber schöner ist nichts, als wenn es so nach langem Tode wieder in ihm dämmert, und der Schmerz, wie ein Bruder, der fernher dämmernden Freude entgegengeht.

Friedrich Hölderlin, „Hyperion"

Jenseits des Leidens

*O*ft vergessen wir die Freude auf unserer Expedition zum spirituellen Erwachen. Um wahre Freude zu finden, müssen wir unser Leiden durchschritten haben und schließlich dahin gelangt sein, die Gesamtheit des Lebens aus tiefstem Herzen zu akzeptieren. Wenn wir eine intime Nähe zu allem erlangt haben, entdecken wir Ruhe, Wohlbefinden und Ganzheit. Wir erkennen, daß wir und alles Leben, das uns umgibt, am rechten Ort sind, daß wir hierher gehören, gerade so wie die Bäume und die Sonne und die Bewegungen unseres Planeten. Dann erleben wir Heilung, Öffnung und Gnade.

Jack Kornfield

Freude umfaßt alles

*I*ch hatte mal ein Gespräch mit einer Schülerin, die gleich zu Anfang sagte: „Ich finde alles ziemlich deprimierend. Was wir hier machen, hat etwas Düsteres und Entmutigendes an sich. Wo bleibt die Freude?

Wo bleibt die Heiterkeit?“ Wir sprachen eine Zeitlang miteinander. Am Ende des Gesprächs war ihr plötzlich etwas klargeworden: „Ich glaube, die Freude kommt vom Realwerden.“

Das hat mich wirklich beeindruckt. Ob es darum geht, sich auf das echte Herz der Traurigkeit und die schmutzigen Stellen unseres Lebens einzulassen oder auf Vision, Erweiterung und Offenheit, alles Reale ist im Wohl-Sein, in der Freude eingeschlossen. Bei Freude geht es nicht um Vergnügen im Gegensatz zu Schmerz oder Heiterkeit im Gegensatz zu Traurigkeit. Freude umfaßt alles.

Pema Chödrön

Das grundlegende Gutsein

Selbsttäuschung entsteht oft daraus, daß man der eigenen Intelligenz nicht traut und befürchtet, daß man mit dem Leben nicht zurechtkommt. Man ist unfähig, die eigene eingeborene Weisheit zu sehen. Weisheit, das ist etwas ganz Großes *da draußen.* Diese Haltung muß überwunden werden. Es gibt nur einen Bezugspunkt, auf den wir uns verlassen können und der uns vor Täuschungen bewahrt, nämlich das Wissen, daß das grundlegende Gutsein schon in uns *ist.* Dieses Wissen kann man durch die Praxis der Meditation als Gewißheit erfahren. In der Meditation können wir einen Geisteszustand erfahren, der ohne Hintergedanken und frei von Angst und Zweifeln ist. Dieser Geisteszustand wird durch das Auf und Ab der Gedanken und Emotionen nicht erschüttert. Anfangs erhascht man nur flüchtige Blicke auf diesen Zustand, man sieht einen Funken unbedingten, grundlegenden Gutseins. Dadurch fühlt man sich noch nicht vollkommen frei oder durch und durch gut, aber man erkennt, daß Wachheit und Gutsein *schon da sind.* Jetzt kann man von Zweifeln und Zaghaftigkeit loslassen und ohne Täuschung leben. Es gibt etwas Aufrichtendes in unserem Leben, das einfach existiert, ohne daß wir es erst schaffen müssen. Das Loslassen bringt uns mit dieser aufrichtenden Energie in Kontakt, die uns erlaubt, Disziplin und Freude ganz zu verschmelzen, so daß unsere Disziplin mühelos und herrlich wird.

Jeder hat diesen Windstoß der Kraft schon einmal erlebt. Sportler erleben zum Beispiel im Wettkampf diese plötzliche Entfesselung der Energie. Oder denken wir an den Sturm der ersten Verliebtheit. Manchmal empfinden wir die Energie auch eher als eine kühle Brise der Freude. Das ist, wie wenn man überhitzt und schwitzend unter die Dusche geht; man fühlt sich dann köstlich erfrischt und wie mit neuer Energie geladen.

Normalerweise nehmen wir an, daß dieser Energiestoß von außen kommt und irgendwie situationsbedingt ist. Sportler können geradezu süchtig nach ihrem Sport werden, weil sie nur hier diesen plötzlichen Kraftstrom empfinden. Manche Menschen sind süchtig danach, sich immer wieder zu verlieben, weil sie sich dabei so ungeheuer gut, so lebendig fühlen. Durch das Loslassen entdecken wir dagegen eine Quelle voraussetzungslos existierender Energie, die immer zugänglich ist, ganz unabhängig von den Umständen. Diese Energie kommt nirgendwoher und ist doch immer da. Es ist die Energie des grundlegenden Gutseins.

Diese aus sich selbst existierende Energie wird in der Shambhala-Tradition *Windpferd* genannt. Der Wind-Aspekt besagt, daß die Energie des grundlegenden Gutseins stark, im Überfluß vorhanden und strahlend ist. Zugleich kann man das grundlegende Gutsein aber auch reiten, und dieser Aspekt wird mit Pferd bezeichnet. Wer der Disziplin der Kriegerschaft, vor allem der Disziplin des Loslassens folgt, der kann den Wind des Gutseins ins Zaumzeug nehmen. In gewissem Sinn läßt sich das Windpferd nie ganz zähmen – grundlegendes Gutsein wird nie zu persönlichem Besitz. Man kann seine Energie jedoch wachrufen und für sich selbst und andere dieses Gutsein schaffen – und nicht nur auf irgendeiner philosophischen Ebene, sondern im konkreten, physischen Leben, hier und jetzt und rückhaltlos. Wenn du mit der Energie von Windpferd in Berührung gekommen bist, kannst du ganz zwanglos von der Sorge um deinen eigenen Geisteszustand loslassen und an andere denken. Du spürst ein Verlangen, deine Entdeckung des Gutseins mit anderen zu teilen, mit deinen Brüdern und Schwestern, mit Vater und Mutter, mit allen Freunden, deren Leben die Botschaft des grundlegenden Gutseins ebenfalls bereichern würde. Die Bereitschaft, die Kraft des grundlegenden Gutseins in sich selbst anzunehmen und diesen

Geisteszustand dann furchtlos gegenüber anderen darzustellen – das ist die Entdeckung von Windpferd.

Die Erfahrung dieser Erhabenheit der Welt ist etwas sehr Freudvolles, aber sie bringt auch Traurigkeit mit sich. Das ist wie Verliebtheit. Mit dem oder der Geliebten zusammenzusein, ist ebenso köstlich wie schmerzhaft. Freude und Schmerz mischen sich in diesem Zustand. Aber das stellt kein Problem dar, sondern ist vielmehr ein emotionaler Idealzustand. Ein Krieger, der mit Windpferd lebt, empfindet das Glück und das Leid der Liebe in allem, was er tut. Er empfindet heiß und kalt, süß und sauer zugleich. In guten und schlechten Zeiten, in Erfolg und Mißerfolg empfindet er Traurigkeit und Freude zugleich.

Chögyam Trungpa

*U*m unser eignes Herz zu öffnen wie ein Buddha, müssen wir die zehntausend Freuden und zehntausend Leiden umschließen.

Buddhistische Weisheit

Gehen, um zu erwachen

*D*ie Übung der Gehmeditation hilft uns, unsere Augen zu öffnen für die vielen Wunder des Universums. Sie verwandelt unsere Erde in das „Reine Land". Sie hilft uns, Ärger und Sorgen fallenzulassen und bringt uns Frieden. Aber Gehmeditation hilft uns auch, das Leiden der Welt wahrzunehmen. Ich sage oft zu Zenstudenten: „Wenn ihr nicht wahrnehmt, was vor euch und um euch herum geschieht, wie könnt ihr dann erwarten, eure eigene Natur zu erkennen? Ihr könnt eure wahre Natur nicht sehen, wenn ihr die Augen verschließt. Im Gegenteil, ihr müßt eure Augen öffnen und aufwachen, um die wirkliche Situation in der Welt zu erfassen. Nur so könnt ihr euren ganzen Dharmaschatz, euren eigenen Dharmakörper vollständig sehen. Die Bomben, der Hunger, das Streben nach Reichtum und Macht – das alles ist nicht getrennt von eurer Natur, sondern Teil von ihr."

Die Landstraßen mit dem Geruch von frischem Heu, die Pfade im Schatten der Eichen, die Wege, bedeckt mit einem Teppich aus farbigem Laub – dies sind deine Gehmeditationswege. Bitte, erfreue dich an ihnen. Sie führen dich nicht in Unachtsamkeit; vielmehr kannst du, wenn du gehst, bewußter werden; du kannst aufwachen, so daß du das wirkliche Leiden in der Welt sehen kannst. Dann ist jeder Weg, jede Straße – von den Außenvierteln Beiruts bis zu den Straßen Vietnams, wo Minen vergraben sind, die noch immer explodieren und Kinder und Bauern töten –, jeder Pfad dieser Welt dein Meditationsweg. Wenn du einmal erwacht bist, wirst du nicht zögern, diese Wege zu gehen.

Du wirst leiden, aber nicht aus Zweifel, Ärger oder Angst um dich selbst. Du wirst leiden aus tiefer Verbundenheit mit allen Wesen, denn du empfindest das grenzenlose Mit-Leid eines Erleuchteten, eines Bodhisattvas.

Thich Nhât Hanh

Freudenboten sind immer Kinder des Leids gewesen.

Hazrat Inayat Khan

Der kosmische Schmerz

Überwinde jede Bitterkeit, die in dir entstanden sein mag, denn du wärst dem Ausmaß des dir anvertrauten Schmerzes nicht gewachsen. Wie die Mutter der Welt allen Schmerz der Welt in ihrem Herzen trägt, so ist auch jeder von uns ein Teil ihres Herzens und folglich ausgestattet mit einem gewissen Maß an kosmischem Schmerz. Du hast teil an der Gesamtheit jenes Schmerzes. Du bist aufgerufen, ihm mit Freude zu begegnen, nicht mit Selbstmitleid.

Das Geheimnis: Biete dein Herz als ein Medium dar, das kosmisches Leid in Freude verwandelt.

Sufi-Weisheit

Den ganzen Tag
treibt sich mein Herz bei anderen herum:
von der Mutter zur Rose,
vom Meer zur Liebe,
von der Glückseligkeit zum Leid …

Wenn dann die Nacht hereinbricht
– *Man sollte es jetzt suchen, dieses Kind!* –,
ist es, verflixt!, noch immer nicht
ganz zu mir heimgekommen. – *Schlaf schon, Junge!* –
Und ich schlafe ein, wartend, lächelnd,
fast ohne es.

Am Morgen
– *Steh noch nicht auf, mein Junge!* –,
was für ein Freudenschrei, mein Herz,
einen Moment, ehe du gehst, in mir!

Juan Ramón Jiménez

Der Garten als Zuflucht

Was kann man dagegen machen, daß man glücklich ist, wenn man gesund und an dem Platz ist, an dem man sein möchte? Ein Mann hat mir einmal vorgeworfen, daß ich so glücklich bin, hat mich mahnend darauf hingewiesen, daß jeder sein Kreuz zu tragen hat und daß wir in einem Jammertal leben. Ich erwähnte die Maulwürfe als mein ärgstes Kreuz und deutete auf die großen schwarzen Hügel, mit denen sie meinen Tennisplatz verziert hatten, aber mit dem Jammertal war ich nicht einverstanden und ließ mich nicht in meiner Überzeugung erschüttern, daß die Welt schön und herrlich ist. Wenn wir bescheiden auf ihr wandeln und uns beschränken, so gibt sie uns alles, was uns glücklich macht. Er wies darauf hin, daß mit Sicherheit Kummer und Krankheit auf uns zukämen, und schien richtig wütend auf mich zu werden, als ich dagegenhielt, auch sie könnten sicher mit einem heiteren Herzen besser ertragen werden. „Und haben nicht auch sie ihre guten Seiten?“ rief ich aus. „Wenn ich bis zum Hals im Jammer über Krankheit und Ärzte stecke, so habe ich doch wenigstens etwas, das ich meinen Freundinnen erzählen kann, und muß nicht so wie jetzt dasitzen und mir den Kopf zerbrechen, was ich als nächstes sagen soll. Wobei ich mir eigentlich nur wünsche, daß sie endlich aufbrechen.“

Er erwiderte, ich sei überall von Elend, Schuld und Leid umgeben und müßte schon blind vor Selbstsucht sein, wenn ich das nicht wahrnähme und den schweren Ernst und die tiefe Tragik des Lebens nicht bemerkte. Ich fragte ihn, ob es auch nur einem Menschen helfen würde oder sein Elend linderte, wenn ich mich auch elend und unzufrieden fühlte. Darauf erwiderte er, wir hätten alle unser Päckchen zu tragen. Ich versicherte ihm, daß ich mich bestimmt nicht vor meinem Päckchen drücken wollte, obgleich ich mich innerlich für diese Bemerkung schämte, wenn ich daran dachte, daß es nur Maulwürfe waren. Er aber entfernte sich kopfschüttelnd und mit Grabesmiene und kehrte zu seiner Frau und seinen elf Kindern zurück. Kurz darauf erfuhr ich, daß ihm ein zwölftes Baby geboren worden und seine Frau dabei gestorben war, und kurz vor ihrem Tode hatte sie das Gesicht mit einer ganz unerwarteten Ungeduld von ihm weg und zur Wand gedreht. Die Gerüchte seiner Frömmigkeit erreichten sogar meinen Garten. Als er ihr die Augen zudrückte, habe er gesagt „Es ist der Wille Gottes“. Er war ein Missionar.

Aber was hat es auch für einen Sinn, einer Frau mit einem Garten zu sagen, daß sie sich wirklich schämen müßte, weil sie glücklich ist? Die frische Luft ist so voller Leben, daß sie einem alle Bemerkungen dieser Art abnimmt und einen wieder fröhlich macht. Alle Vorwürfe verwehen im Duft der Levkojen, und man steht im Sonnenschein, schaut sich um, sieht all die heiteren Blüten und ist tiefer denn je davon überzeugt, daß es gut und ein Segensgeschenk ist, dankbar zu sein. Ach, ein Garten ist die schönste und beste Zuflucht, die man haben kann!

Elizabeth von Arnim

Künftige Tempel der Freude

Die alte Welt und die Freude. – Die Menschen der alten Welt wußten sich besser zu *freuen:* wir, uns *weniger zu betrüben;* jene machten immerfort neue Anlässe, sich wohl zu fühlen und Feste zu feiern, ausfindig, mit allem ihrem Reichtum von Scharfsinn und Nachdenken: während wir unsern Geist auf Lösung von Aufgaben verwenden, welche mehr die Schmerzlosigkeit, die Beseitigung von Unlustquellen im Auge haben. In betreff des leidenden Daseins suchten die Alten zu vergessen oder die Empfindung ins Angenehme irgendwie umzubiegen: so daß sie hierin palliativisch zu helfen suchten, während wir den Ursachen des Leidens zu Leibe gehen und im ganzen lieber prophylaktisch wirken. – Vielleicht bauen wir nur die Grundlagen, auf denen spätere Menschen auch wieder den Tempel der Freude errichten.

Friedrich Nietzsche

„Selig …"

Ich bewunderte, ich bewundere noch immer im Evangelium ein übermenschliches Bemühen um Freude. Das erste Wort, das uns von Christus berichtet wird, lautet: „Selig …" Sein erstes Wunder ist die Verwandlung von Wasser in Wein. (Der ist der wahre Christ, dem zur Trunkenheit reines Wasser genügt. In ihm selbst wiederholt sich das Wunder von Kanaan.) Es bedurfte der abscheulichen Auslegung der Menschen, um auf dem Evangelium einen Kult, eine Glorifizierung der Trauer und des Leidens zu begründen. Daraus, daß Christus gesagt hat: „Kommt her zu mir alle, die ihr mühselig und beladen seid, ich will euch erquicken!" schloß man, daß man mühselig und beladen sein müsse, um zu ihm zu gelangen. Und aus der Erquickung, die er uns verhieß, hat man den Sündenablaß gemacht.

André Gide

Freude als Ort der Erfahrung des Göttlichen

In der üblichen Mentalität des Westens, besonders in der christlichen, gehört die Freude nicht zu den Orten, an denen die Gotteserfahrung ihre reinste Form findet. Wir sagen reinste, weil bei der Erfahrung von Freude der Anteil an Reflexion minimal und nur indirekt ist. Man braucht ein reines (moralisches) Bewußtsein, damit die Abschwächung des (intellektuell überlegenden) Bewußtseins uns die Spontaneität der menschlichen Lust erreichen läßt, die uns die göttliche Gegenwart und Wirklichkeit transparent macht. Die Volksfrömmigkeit mit ihrer „Freude" an den Heiligen ist manchmal weiser. „Ein Heiliger, der traurig ist, ist ein trauriger Heiliger", sagte Léon Bloy, und die Kritik von Gide an den negativen Geboten ist bekannt. Man könnte Camus zitieren und viele andere oder Rubén Darío mit seinen Versen im gleichen Sinne – gegen Thomas von Kempen. Auch der Mangel an Humor in der Theologie und der Philosophie wurde immer wieder festgestellt.

Was wir hier unterstreichen wollen, ist nicht so sehr eine negative Kritik oder eine theoretische Rechtfertigung, daß Gott Freude ist, sondern das mangelnde Gefühl dafür, daß man in der Freude Gott begegnet und daß die Freude ein bevorzugter Ort für die Erfahrung des Göttlichen ist. Gott ist der Gott der Lebendigen, und dazu gehört die Lebenslust.

Raimon Panikkar

Freude braucht keine Begründung

In unserer Gesellschaft muß man immer begründen, warum man Emotionen der Gehobenheit hat. Menschen, die freudig oder heiter sind und im Gefolge dieser Emotionen vielleicht auch optimistisch, müssen für ihren Optimismus Gründe angeben. Wenn wir dagegen pessimistisch gestimmt sind oder das Gefühl haben, uns an allem und jedem zu stoßen und auch von der Welt hart gestoßen zu werden, dann müssen wir dieses Lebensgefühl nicht begründen, denn daß alles kaputt geht, das ist eigentlich klar. Aber wenn man sich freut, so muß man erklären, woher man nur diesen unverständlichen Optimismus nimmt. Dagegen wehre ich mich, denn wenn die Pessimisten recht hätten, müßte die Welt doch schon längst untergegangen sein. Ich meine nicht, daß es zum besten um sie bestellt ist, aber sie lebt noch, und wir leben noch und könnten auch einiges verändern. Ich wehre mich dagegen, daß man das Gefühl des Bekümmertseins nicht begründen muß, sehr wohl aber das Gefühl des Gehobenseins.

Wenn wir Freude haben und zeigen, werden wir sehr leicht in die „naive Schublade" geschoben. Dabei ist es eigentlich schöner, mit freudigen, heiteren Menschen zusammenzusein als mit umwölkten, bekümmerten, düsteren. Man traut jedoch diesen gehobenen Gefühlen nicht: Das geht so weit, daß Freude als verdeckte Angst gesehen wird, als eine Form der Abwehr im Sinne einer Reaktionsbildung. Man muß sich dann logischerweise der Frage stellen, welche Angst man gerade verdrängt. Eine solche Argumentation offenbart sehr viel Angst vor der Freude.

Verena Kast

Wer viel Freude hat, muß ein guter Mensch sein: aber vielleicht ist er nicht der klügste, obwohl er gerade das erreicht, was der Klügste mit aller seiner Klugheit erstrebt.

Friedrich Nietzsche

Ich neige manchmal dazu, glückliche Menschen für heimliche Weise zu halten, auch wenn sie dumm scheinen. Was ist dümmer und macht unglücklicher als Gescheitheit?

Hermann Hesse

Verführerische Freude

Die Beobachtung von Geisteszuständen wie dem der Interesselosigkeit oder des Zornes kann unserem Erwachen sehr zugute kommen. Viele müssen jedoch eine relativ hohe Stufe der Achtsamkeit erreichen, bevor es ihnen gelingen will, das Angenehme ebenso scharf im Auge zu behalten wie das Unangenehme. Möglicherweise bedarf es eines weit größeren Ansporns, gerade die Entfaltung tiefer Freude mit gleichmütiger, kontinuierlicher Offenheit zu beobachten, denn ihr verführerisches Wesen wird nur allzu sehnlich danach streben, Identifikationen zu schaffen und das Selbst an sich selbst zu fesseln.

Stephen Levine

Lob und Tadel, Nutzen und Schaden, Lust und Leid kommen und gehen wie der Wind. Um glücklich zu sein, ruhe wie ein großer Baum mitten unter ihnen allen.

Buddhistische Weisheit

Vegetation des Glücks

Dicht neben dem Wehe der Welt, und oft auf seinem vulkanischen Boden, hat der Mensch seine kleinen Gärten des Glücks angelegt. Ob man das Leben mit dem Blicke dessen betrachtet, der vom Dasein Erkenntnis allein will, oder dessen, der sich ergibt und resigniert, oder dessen, der an der überwundenen Schwierigkeit sich freut, – überall wird er etwas Glück neben dem Unheil aufgesproßt finden – und zwar um so mehr Glück, je vulkanischer der Boden war -; nur wäre es lächerlich, zu sagen, daß mit diesem Glück das Leiden selbst gerechtfertigt sei.

Friedrich Nietzsche

Eine Freude vertreibt hundert Sorgen.

Japanisches Sprichwort

„*W*elchen Sinn hat es, o Motte, daß du dich verbrennst, indem du das Licht zu küssen versuchst?"

„Meine Freude ist dabei größer als mein Opfer."

Hazrat Inayat Khan

*D*as Opfer, das Leid verursacht, ist überhaupt kein Opfer. Das wahre Opfer gibt Freude und Aufschwung.

Mahatma Gandhi

Geh, wohin dein Herz dich trägt

*W*ie nach Ernestos Tod suchte ich auch nach Augustos Tod Trost in der Religion. Kurz zuvor hatte ich einen deutschen Jesuitenpater kennengelernt, der nur wenige Jahre älter war als ich. Als er meine Abneigung gegen Gottesdienste bemerkte, schlug er mir nach ein paar Treffen vor, uns an einem anderen Ort als der Kirche zu treffen. Da wir beide gern wanderten, beschlossen wir, zusammen zu gehen. Er holte mich jeden Mittwochnachmittag mit Bergschuhen und einem alten Rucksack ab, sein Gesicht gefiel mir sehr, es hatte den hageren, ernsten Ausdruck eines Mannes, der in den Bergen aufgewachsen ist. Daß er ein Priester war, schüchterte mich am Anfang ein, alles, was ich ihm erzählte, erzählte ich nur halb, ich befürchtete Anstoß zu erregen, verurteilt, unbarmherzig verdammt zu werden. Dann eines Tages, während wir uns auf einem Stein sitzend ausruhten, sagte er zu mir: „Sie schaden sich selbst, wissen Sie. Nur sich selbst." Von dem Augenblick an hörte ich zu lügen auf, ich öffnete ihm mein Herz, wie ich es nach Ernestos Tod niemandem gegenüber mehr getan hatte. Während ich sprach, vergaß ich sehr bald, daß ich einen Mann der Kirche vor mir hatte. Im Gegensatz zu den anderen Priestern, denen ich begegnet war, kannte er weder Worte der Verurteilung noch des Trostes, das ganze süßliche Gerede der abgegriffensten Botschaften war ihm fremd. Es war eine Art Härte in ihm, die auf den ersten Blick abstoßend erscheinen konnte. „Nur der Schmerz läßt einen wachsen", sagte er, „aber man muß sich ihm stellen, wer ausweicht oder sich bemitleidet, ist dazu bestimmt zu verlieren."

Siegen, verlieren, die kriegerischen Ausdrücke, die er verwendete, dienten dazu, einen stummen, rein inneren Kampf zu beschreiben. Seiner Meinung nach war das Herz des Menschen wie die Erde, halb von der Sonne beschienen und halb im Schatten. Nicht einmal die Heiligen waren ganz im Licht. „Einfach, weil es den Körper gibt", sagte er, „sind wir auf jeden Fall im Schatten, wir sind wie die Frösche, Amphibien, ein Teil von uns lebt hier unten in der Niederung und den anderen zieht es nach oben. Zu leben bedeutet nur, sich dessen bewußt zu sein, es zu wissen und darum zu kämpfen, daß das Licht nicht gänzlich vom Schatten geschluckt wird. Mißtrauen Sie denen, die vollkommen sind", sagte er zu mir, „denen, die die Lösungen schon fertig in der Tasche haben, mißtrauen Sie allem außer dem, was Ihr Herz Ihnen sagt." Ich hörte ihm fasziniert zu, noch nie war ich jemandem begegnet, der so gut ausdrückte, was schon seit geraumer Zeit in mir brodelte, ohne heraus zu können. Mit seinen Worten nahmen meine Gedanken Gestalt an, auf einmal lag ein Weg vor mir, ihn zu gehen schien mir nicht mehr unmöglich.

Ab und zu hatte er in seinem Rucksack ein Buch dabei, das ihm besonders teuer war; wenn wir uns ausruhten, las er mir mit seiner klaren, strengen Stimme daraus vor. Zusammen mit ihm habe ich die Gebete der russischen Mönche entdeckt, das Gebet des Herzens, habe die Stellen des Evangeliums und der Bibel verstanden, die mir vorher dunkel erschienen. In all den Jahren, die seit Ernestos Tod vergangen waren, hatte ich zwar innerliche Fortschritte gemacht, aber diese Fortschritte beschränkten sich auf die Kenntnis meiner selbst. Irgendwann war ich auf meinem Weg vor einer Mauer gestanden, ich wußte, daß der Weg jenseits der Mauer lichter und breiter weiterging, aber ich wußte nicht, wie ich hinüberkommen sollte. Eines Tages, während eines plötzlichen Regenschauers, stellten wir uns im Eingang einer Höhle unter. „Wie macht man es, zum Glauben zu gelangen?" fragte ich ihn dort drinnen. „Das macht man nicht, der Glaube kommt von selbst. Sie haben ihn schon, aber Ihr Stolz hindert Sie daran, es zuzugeben. Sie stellen sich zu viele Fragen, wo es einfach ist, machen Sie es kompliziert. In Wirklichkeit haben Sie nur furchtbare Angst. Lassen Sie sich gehen, und was kommen soll, wird kommen."

Ich kehrte immer verwirrter, immer verunsicherter von jenen Wanderungen heim. Er war unangenehm, ich sagte es dir schon, seine Worte verletzten mich. Sehr oft spürte ich den Wunsch, ihn nicht mehr zu sehen, am Dienstagabend sagte ich mir, jetzt rufe ich ihn an und sage ihm, er soll nicht kommen, weil es mir nicht gutgeht, aber dann rief ich ihn doch nicht an. Am Mittwochnachmittag erwartete ich ihn pünktlich an der Tür mit Wanderschuhen und Rucksack.

Etwas mehr als ein Jahr lang unternahmen wir unsere Wanderungen, dann wurde er von seinen Vorgesetzten von einem Tag auf den anderen seines Amtes enthoben.

Was ich dir gesagt habe, mag dich vielleicht veranlassen zu denken, Pater Thomas sei ein überheblicher Mann, aus seinen Worten, seiner Weltanschauung spreche Heftigkeit oder Fanatismus. Doch dem war nicht so, innerlich war er der gelassenste und gütigste Mensch, dem ich je begegnet bin, er war kein Soldat Gottes. Wenn etwas Mystisches an seiner Persönlichkeit war, so war es eine ganz konkrete, in den Dingen des Alltags verankerte Mystik.

„Wir sind hier, jetzt", sagte er immer wieder zu mir.

An der Tür gab er mir einen Umschlag. Darin war eine Ansichtskarte, auf der eine Landschaft mit Gebirgsweiden zu sehen war. „Das Reich Gottes ist in euch", stand auf deutsch darüber, und auf die Rückseite hatte er mit der Hand geschrieben: „Wenn Sie unter der Eiche sitzen, seien Sie nicht Sie selbst, sondern die Eiche, seien Sie im Wald der Wald, auf der Wiese die Wiese, unter den Menschen mit den Menschen."

Das Reich Gottes ist in euch, erinnerst du dich noch? Dieser Satz hatte mich schon beeindruckt, als ich als unglückliche Jungverheiratete in Aquila lebte. Wenn ich damals die Augen schloß und den Blick nach innen gleiten ließ, konnte ich nichts sehen. Nach der Begegnung mit Pater Thomas hatte sich etwas verändert, ich sah zwar immer noch nichts, aber es war keine vollkommene Blindheit mehr, am Ende der Dunkelheit begann es heller zu werden, ab und zu gelang es mir ganz kurz, mich selbst zu vergessen. Es war nur ein kleines, schwaches Licht, kaum ein Flämmchen, ein Hauch hätte genügt, um es auszulöschen. Dennoch gab mir die Tatsache, daß es da war, eine seltsame Leichtigkeit; es war nicht Glück, was ich empfand, sondern Freude. Es war auch keine Euphorie dabei, keine Begeisterung, ich fühlte mich nicht weiser, über den Dingen. Was da in mir heranwuchs, war nur ein heiteres Bewußtsein zu existieren.

Wiese auf der Wiese, Eiche unter der Eiche, Mensch unter den Menschen.

Susanna Tamaro, „Geh, wohin dein Herz dich trägt“

Unser Glück und Seelenfrieden beruhen darauf, daß wir tun, was wir für richtig und angemessen halten, und nicht, was andere sagen oder tun.

Mahatma Gandhi

Der Segen der Pflicht liegt in der Freude der Pflichterfüllung.

Hazrat Inayat Khan

Tue deine Pflicht so lange, bis sie deine Freude wird.

Marie von Ebner-Eschenbach

Der Freude, schweigend seine Pflicht zu tun, kommt keine andere Freude gleich.

Mahatma Gandhi

Ich schlief und träumte, das Leben sei Freude. Ich erwachte und sah, das Leben war Pflicht. Ich handelte, und siehe, die Pflicht war Freude.

Rabindranath Tagore

Engel

*N*un ist da eine Frage der Engel wegen: Ob die Engel, die hier mit uns wohnen und uns dienen und behüten, ob die irgend minder Gleichheit haben in ihren Freuden, denn die, so in der Ewigkeit sind; oder ob sie etwa dadurch benachteiligt werden, daß sie ihrem Werk obliegen müssen, uns zu behüten und uns zu dienen. Ich sage: Nein, sie haben davon keinen Schaden. Ihre Freude und ihre Gleichheit ist umdeswillen nicht geringer. Denn das Werk des Engels ist der Wille Gottes; und der Wille Gottes ist das Werk des Engels; darum wird er weder in seiner Freude noch in seiner Gleichheit, noch an seinen Werken beeinträchtigt. Hieße Gott ihn niederfahren zu einem Baum und hieße ihn da Raupen ablesen, der Engel wäre dazu bereit, die Raupen abzulesen, und es wäre seine Seligkeit und wäre der Wille Gottes.

Meister Eckehart

Alles Vorhandene bist du

Von der Liebe, dem Geben und der Mitfreude

Leibhaftig

Willst du nicht nackt herumlaufen
in den Sommertagen?
Helles Haus, alle Sperrangeln offen
und ich umarme dich
wenn du ins Zimmer kommst;

willst du dich nicht anfassen lassen
hundertmal mehr
von mir, vom Himmel?
Wenn es läutet gehst du im Bademantel
zur offenen Tür
unsre Gäste reden vom Geschäft
und halten uns für seltsame Vögel;

willst du nicht schöner sein
als alle Fotografien von dir
schöner noch in der Sonne als in der Nacht
und du und ich
leibhaftiger in der Freude
lebendig, restlos!

Christoph Meckel

An Maja

Du bist eine Frau, vielleicht ein Mädchen, und im stillen fragst du manchmal, was ich möchte; einen ganzen Nachmittag sind wir gewandert, zu weit für deine schmalen Schuhe, und gesprochen haben wir nichts Besonderes. Du gabst deine Hand, während wir die Hänge hinuntergingen; wir sagen uns du, und am andern Morgen erwache ich, wie man am Meer erwacht. Meine Hand bleibt voll in der deinen. Aber nimm es nicht schwer; kein Brief soll dich rufen, wenn du gehst. Du bist jung, und ich bin froh, daß es dich gibt. Die Erde, die du betreten hast, ist wieder eine Erde zum Wandern, und alles Vorhandene bist du. Ich sehe die blühenden Zweige, die du vom Baume brichst, und ich sehe die Hunde, die nach deinen Steinen springen. Die Früchte, die du zum Munde nimmst, das alles ist rund und vorhanden und voll, wie deine Stirne voll ist und jung und ohne Durchsicht; du bist die Gegenwart hinter allem. Es ist, als blühen die Felder aus dir, hier, wo du noch nie gegangen bist, und die Luft ist voll Glanz deiner Augen. Ich möchte erzählen können, was alles ich sehe, die Landschaft mit Kiefern und Ulmen und fremden Giebeln darin, mit Flüssen und endlosen Wäldern und Schlössern, deren Fenster in der Abendsonne blinken, mit Brücken und Trümmern von Brücken, mit Domen, die aus zerstörten Städten steigen. Du bist es, was die Bilder hält, die Farben vor der Nacht, und alles Licht, das die Sonne vergeudet, es fiele ins Finstere, wenn es nichts gäbe, was man liebt -

Max Frisch

Brief

Ich sag Dir, Du bist recht gut, Du bist der beste, aber erinnere Dich, wie oft mir nicht wohl war bei Dir, daß ich wild und traurig wurde im Gemüt, daß ich recht fühlte, ich wußte nicht, wo aus noch ein im Leben. All das war verschwunden bei Goethe, und doch hatte ich mich davor am meisten gefürchtet. Er kam auf mich zu, gleich im ersten Augenblick, küßte mich auf die Stirn und behandelte mich wie eine lang verheißene Freude, die nun endlich erscheint. Auch war er mir gar nicht fremd, wie zwei Prinzen, die miteinander auf einer einsamen Insel erzogen sind, die an dem Ufer des Meeres ihren künftigen Lebensplan miteinander ersonnen haben, so war ich mit ihm.

Bettine von Arnim an Karl Friedrich von Savigny

Das achtzehnte Sonett

Küß mich noch einmal, küß mich wieder, küsse
mich ohne Ende. Diesen will ich schmecken,
in dem will ich an deiner Glut erschrecken,
und vier für einen will ich, Überflüsse

will ich dir wiedergeben. Warte, zehn
noch glühendere; bist du nun zufrieden?
O daß wir also, kaum mehr unterschieden,
glückströmend ineinander übergehn.

In jedem wird das Leben doppelt sein.
Im Freunde und in sich ist einem jeden
jetzt Raum bereitet. Laß mich Unsinn reden:

Ich halt mich ja so mühsam in mir ein
und lebe nur und komme nur zu Freude,
wenn ich, aus mir ausbrechend, mich vergeude.

Louïze Labé, übertragen von Rainer Maria Rilke

Wie könnte sich Trauer dem Herzen nähern,
welches wahrhaft lieben kann?
Von Trauer werden nur jene ergriffen,
die ohne Freude sind und allein.

Des Liebenden Herz
ist angefüllt mit einem Ozean.
In seinen rollenden Wogen
wiegt sanft sich das All.

Rumi

Schöne

Schöne,
wie im kühlen Gestein
das Wasser des Quells,
üppiger Blitz aus Gischt,
entspringt,
so ist das Lächeln in deinem Gesicht,
du Schöne.

Schöne,
mit feinen Händen und schlanken Füßen
wie ein Silberpferdchen,
leichten Ganges, Blüte der Welt,
so sehe ich dich,
du Schöne.

Schöne,
mit einem kupfernen Wuschelnest
auf deinem Kopf, einem Nest
von der Farbe dunklen Honigs,
worin mein Herz lodert und ruht,
du Schöne.

Schöne,
deine Augen haben nicht Raum genug in deinem Gesicht,
nicht Raum genug auf der Erde.
Länder gibt es, Flüsse gibt es
in deinen Augen,
mein Vaterland ist in deinen Augen,
ich durchwandere sie,

sie spenden Licht der Welt,
die ich durchwandere,
du Schöne.

Schöne,
deine Brüste sind wie zwei Brote,
aus Kornerde und Goldmohn gemacht,
du Schöne.

Schöne,
deine Taille,
sie wurde geformt von meinem Arm,
wie von einem Fluß, der tausend Jahre lang
deinen lieblichen Leib umströmte,
du Schöne.

Schöne, nichts läßt sich vergleichen mit deinen Hüften,
vielleicht hat die Erde
irgendwo an geheimem Ort
die Wölbung und den Duft deines Körpers,
irgendwo vielleicht,
du Schöne.

Schöne, meine Schöne,
deine Stimme, deine Haut, deine Nägel,
Schöne, meine Schöne,
dein Sein, dein Licht, dein Schatten,
Schöne, dies alles ist mein, Schöne,
all dies ist mein, du Meine,
wenn du gehst oder ruhst,
wenn du singst oder schläfst,
wenn du leidest oder träumst,
immer,
wenn du nahe bist oder fern,
immer
bist du mein, meine Schöne,
immer.

Pablo Neruda

Die Erinnerungen des Kaisers Hadrian

Sonnenwende meines Lebens, alkyonische Tage der Windstille ... Ich brauche mein Glück von damals nicht nachträglich auszuschmücken, muß vielmehr darauf achten, daß sein Bild mir nicht zu blaß gerät; schon die Erinnerung daran läßt sich heute kaum ertragen. Aufrichtiger als die meisten, gestehe ich die wirkliche Ursache dieser Glückseligkeit freimütig ein: in jener inneren Ruhe, die der Arbeit und der Besinnlichkeit so förderlich ist, erblicke ich eins der schönsten Geschenke der Liebe. Und es wundert mich, daß diese so gebrechlichen, im Laufe eines Lebens so selten vollkommenen Freuden von sogenannten Weisen, die die Gewöhnung daran und das Übermaß fürchten, statt zu fürchten, dabei zu kurz zu kommen, so mißtrauisch betrachtet werden, daß sie eine Zeit, die sie besser daran wenden würden, ihre Seelen zu läutern, damit vergeuden, ihren Sinnen Gewalt anzutun. Ich war damals mit jener angespannten Bewußtheit, die ich stets meinen unbedeutendsten Verrichtungen widmete, darauf bedacht, mein Glück zu sichern, auszukosten und mir bewußt zu machen. Was ist schließlich sogar die Wollust anders als ein Augenblick leidenschaftlicher leiblicher Bewußtheit? Jedes Glück ist ein Meisterwerk, das der geringste Fehler verfälscht, der geringste Zweifel gefährdet, die geringste Plumpheit entzaubert und die geringste Torheit zum Gespött macht. Nicht mein Glück trug die Schuld an meinem unbedachten Gehaben, an dem es zerbrechen sollte; solange ich mich ihm hingab, handelte ich vernünftig. Und ich glaube heute noch, daß es einem Weiseren wohl gelungen wäre, bis zum Tode glücklich zu bleiben.

Marguerite Yourcenar, „Ich zähmte die Wölfin"

Der Weg zu dir

Die Kilometer
haben Beine bekommen
die Sieben Meilen
haben Stiefel bekommen
Die Stiefel laufen alle
davon zu dir

Ich will ihnen nachlaufen
da stützt mein Herz sich auf meinen
geschnitzten Stock
und hüpft
und hüpft außer Atem
den ganzen Weg bis zu dir hin

Nach jedem Sprung
fällt es auf Wirklichkeit
(so bin ich immer wieder
fast hingefallen
in deinem Garten
auf den Stufen zu dir hinauf)

Jedes Mal wenn es fällt
schlägt es auf
wie mein Stock auf die Stufen
Hörst du ihn klopfen?
Hörst du mein Herz klopfen lauter
als meinen Stock?

Erich Fried

Fragment

„Wie konnten
Umarmungen uns halten“
Wie können Umarmungen
uns halten
ein Schlaf, ein Nachtessen
und was nach nichts aussieht
nicht weniger als der Sommer mit seinen
Kirschgärten, und Freude,
verständlicher als das Glück
Wort mit Flügeln, leicht
und leuchtend im Wörterbuch der Liebe
und kein Wort zu groß
oder zu klein für unsere Verhältnisse
für das Leben und Sterben aller
für unseren Atem

Christoph Meckel

99. Grund zur Freude

Daß mehr wird, was ich mit anderen teile. Daß mich, was ich allein habe, nicht freut. Der Mund des Gastes macht den Wein gut.

Martin Walser

Geteilte Freude ist doppelte Freude.

Sprichwort

Die Geburt

Im Oktober 1946 begab ich mich, wie bei den beiden anderen Kindern auch, genau am Tag der Geburt in die Lady-Chancellor-Entbindungsklinik. Ich hatte keine bestimmten Erwartungen, war aber in dem gleichen Zustand angenehmer Vorfreude wie schon zweimal und so voller Kraft, daß ich am liebsten die ganze Wohnung renoviert hätte oder zu einem Fußmarsch von zwanzig Meilen aufgebrochen wäre. Diesmal wußte ich immerhin, daß dieser Energieschub die bevorstehende Geburt ankündigte.

Die Lady-Chancellor-Klinik war wie üblich zu überfüllt, als daß man Zeit für die Frauen gehabt hätte, die nicht im Kreißsaal selbst lagen. Dafür war ich dankbar. Ich hatte dasselbe Zimmer wie bei John. Für mich allein. Es war frühmorgens, und das Geschrei der hungrigen Neugeborenen traf mich ins Rückenmark, wo man, wenn man darauf eingestimmt ist, Kindergeschrei spürt. Ich wartete auf jenen unverwechselbaren Schmerz, den man ebenfalls in der Wirbelsäule spürt und der die erste richtige Wehe anzeigt. Die Schmerzen waren nicht stark. Ich wanderte im Zimmer auf und ab, bis eine Krankenschwester den Kopf zur Tür hereinstreckte, um zu fragen, ob ich schon baden wolle, und wenn ja, ob ich mir selbst eine Wanne einlaufen lassen könne. Dazu war ich gern bereit und blieb über eine Stunde im heißen Wasser liegen. Ohne die geringsten Schmerzen. Wieder im Zimmer setzte ich mich in einen Sessel und schlief sogar ein. Ich wachte auf und ermahnte mich, daß es so nicht weitergehe, und sofort trat ein nützlicher Schmerz ein. Moment mal, dachte ich, Moment, was ist das? Kurz gesagt: Ich merkte, daß ich die Schmerzen kontrollierte. Wenn ich müde war, ließ ich mich mit schlaffen Muskeln in den Sessel sinken. Wenn ich mich erholt hatte, stand ich auf und wanderte umher und sagte mir: Jetzt werde ich eine Wehe haben, und sie kam. Von diesem Phänomen habe ich noch in keinem Buch gelesen und hätte es wohl selber nie entdeckt, wenn eine Krankenschwester meine Aufmerksamkeit abgelenkt hätte. War es das, was die schwarze Putzfrau damals gemeint hatte, als sie jener dicken, schlaffen Mutter mit dem vernachlässigten Äußeren, die gerade ihr drittes Kind bekommen hatte (und der ich jetzt ähnelte, ohne daß es mir etwas ausmachte), gesagt hatte: „Jetzt sind Sie eine richtige Frau."? Ich hatte jetzt nur noch ruhiges Zutrauen und keinerlei Ähnlichkeit mehr mit dem angespannten, von Schmerzen gequälten Mädchen der ersten Geburt. Ich fragte mich die ganze Zeit, wann wohl die richtigen Schmerzen losgehen würden. Beim zweiten Kind hatte ich auf die „richtigen" Schmerzen gewartet, aber sie waren nicht gekommen, erst ganz zum Schluß. So ging es eine ganze Weile, den ganzen Vormittag, und von Zeit zu Zeit schaute kurz eine Krankenschwester herein und fragte: „Möchten Sie eine Tasse Tee?" oder „Puh, Weihnachtshochbetrieb, wissen Sie." oder „Halten Sie es noch einen Augenblick fest, gleich ist ein Bett frei." Erst gegen zwei Uhr zerriß mir der kalte Schmerz die Wirbelsäule, und ich drückte auf die Klingel. Und schrie auch gleich nach Chloroform, obwohl ich diesmal gesagt hatte, daß ich keines wollte. Die Leiterin war gleich zur Stelle, und bald auch Dr. Rosen, der .... und im nächsten Moment wachte ich wieder auf, und die Leiterin verkündete, daß es ein prächtiger Junge sei. Wieder war es für mich selbstverständlich, daß ich, ob nun Junge oder Mädchen, ein gesundes, kräftiges Kind zur Welt gebracht hatte (...)

Diesmal war es angenehm und einfach, wieder ein Baby zu haben, weil ich mich mit den Lehren von Dr. Spock, der von uns Frauen damals als Befreier gefeiert wurde, gegen die Krankenschwester wehren konnte, die Hausbesuche machte. Wir waren uns gegenseitig außerordentlich unsympathisch, aus ideologischen Gründen. Sie war eigentlich eine nette Schottin. Sie leugnete nicht, daß das Baby gut gedieh, daß die Waage, ohne die sie keinen einzigen Schritt machte, zu meinen Gunsten ausschlug und nicht zu ihren. „Aber Sie werden ihn verziehen", rief sie, als ich sagte, daß ich den Kleinen nach Bedarf und nicht nach dem Stundenplan füttere. „Sein Charakter! Haben Sie darüber nachgedacht?" Woraufhin ich entgegnete, daß mein Charakter mit Hilfe von Dr. Truby King geformt worden sei, was sie doch wohl kaum als Empfehlung ansehen könne. Sie stellte ihre Besuche bald ein. Nicht nur Gottfried und ich hatten Freude an dem Kleinen, es schien, als fänden alle meine Bekannten Vorwände, um vorbeizuschauen und ihm beim Baden zuzusehen oder mit ihm zu spielen. Aus den Camps kamen unsere Freunde von der Royal Air Force, die seit drei oder vier Jahren jedes normale Familienleben entbehrten und wußten, daß sie auf einen Platz auf einem überfüllten Schiff warten mußten und daß es möglicherweise noch Monate oder Jahre dauern würde, bis sie endlich nach Hause kämen. Junge Männer, die unter normalen Umständen keine Zeit für einen Säugling gefunden hätten, wetteiferten darum, ihn auf dem Arm halten zu dürfen oder die Badewanne halbvoll laufen zu lassen und das Baby im Wasser hin und her zu bewegen, eine Hand fest unter dem Kopf, während Peter strampelte und krähte.

Ich war bis über beide Ohren verliebt in dieses Kind. Es fiel mir wie Schuppen von den Augen, als ich ein Foto an eine Freundin schickte und sie in dem beiliegenden Brief fragte, ob es nicht das hübscheste Baby sei, das sie je gesehen habe? Sie schickte das Bild mit dem Vorschlag zurück, daß ich es mir doch einmal richtig ansehen solle, und schrieb: „Er ist nicht schöner und nicht häßlicher als tausend andere Babys auch. Bist du vollkommen übergeschnappt?" Ja, sie hatte wohl recht, aber so geht es Frauen nun mal, und es dauert ja nur ein paar Monate.

Doris Lessing

Kinder

Wir gingen im Gänsemarsch durch den Garten, ich mit einer großen Schere und die drei mit Körben; in den einen legte ich frisch geschnittene Blumen und in die beiden anderen welke Blüten und Samenkapseln. Der Garten gloste vor Hitze und Licht. Ein Regenguß in der Frühe hatte alle Schnecken herausgelockt und allen Duft, und wir waren glückselig, so wie wir es immer sind, wenn ich bis zu den Knien in Blumen stehe und die Kinder neue Schneckensorten entdecken, die ihnen in ihrer Kollektion noch fehlen. Diese Sammlungen befinden sich in Pappkartons, die sie den ganzen Tag mit sich herumschleppen, und nachts hat jedes Kind seinen auf dem Stuhl neben dem Bett. Manchmal machen die Schnecken einen Ausbruch und kriechen über die Betten, aber das stört die Kinder nicht. Als April eines Morgens aufwachte, wußte sie sich vor Freude kaum zu lassen, weil sie einen ihrer kleinen Schneckenfreunde auf ihrer

Backe fand. Die Kinder haben ganz offensichtlich eiserne Nerven und ein kristallklares Gewissen (...)

„*Nous allons parler Français*“, kündige ich an, weil ich herausfinden wollte, ob ihr ganzes Vokabular nur aus *diable* und *bêtise* bestand. „Ich glaube, ihr könnt es unterdessen ganz gut.“

Keine Antwort. Ich schnitt die reifen Schoten der Wicken ab und begann in ziemlicher Geschwindigkeit Französisch zu reden, stellte beim Schneiden Fragen und versuchte, ihnen Antworten zu entlocken, die jedoch ausblieben. Das Schweigen in meinem Rücken wurde mir unheimlich. Dann hörte ich plötzlich ein leises Schniefen, und der Korb, der für mich hochgehalten wurde, begann zu wackeln. Ich hockte mich rasch hin und schaute dem April-Kind unter den Sonnenhut. Sie weinte große verzweifelte Tränen und rieb sich mit ihrer freien Hand die Augen.

„Aber meine geliebtesten Herzenskinder!“ rief ich aus und nahm sie alle in meine Arme, „was ist denn um des Himmels willen los?“

Sie warf mir einen kummervollen und verstörten Blick zu. „Das ist vielleicht eine Mutter, die mit ihrem eigenen Kind Französisch redet!“ schluchzte sie.

Ich warf die Schere hin, hob sie auf, trug sie den Weg auf und ab und tröstete sie mit allen zärtlichen und besänftigenden Wörtern, die ich kannte, wobei ich mein Lächeln unterdrücken mußte. „Das ist nun kein Französisch, nicht wahr?“ flüsterte ich ihr am Ende einer langen Liebesbeteuerung ins Ohr, die, wenn ich mich recht erinnere, mit solchen Redensarten wie teuerster Schatz und Engelskind begonnen hatte und mit einem ganzen Geprassel von Küssen schloß.

„Nein, ach nein“, antwortete sie und streichelte mich und sah dabei unsagbar erleichtert aus, „das ist schön, und das ist so, wie Mamsis immer reden. Richtige Mamsis reden nie Französisch – nur Séraphines.“ Damit erwürgte sie mich fast vor Liebe und übergab mir mit einem dicken Kuß all ihre Tränen. Ich stellte sie wieder auf die Füße, zog mein Taschentuch heraus und versuchte, die Spuren meines Erziehungsversuches von ihren Backen zu tupfen. Ich möchte wirklich wissen, woran es liegt, daß sich Kinder beim Weinen sofort lauter erdige Schmutzspuren übers Gesicht ziehen. Ich glaube, ich könnte wochenlang weinen und brächte keinen Krümel Schmutz hervor.

„Ich will euch was sagen, meine Herzenskinder", sagte ich, voll Eifer, an so einem wolkenlosen Tage auch die Heiterkeit des Herzens wiederherzustellen, leicht beschämt dazu über meine so überflüssige Strenge – denn April hatte recht, richtige Mütter überlassen Schulstunden und die damit verbundenen Qualen anderen Leuten und richten ihre ganze Kraft auf Zärtlichkeiten – „wir werden eine Kinderjause mit Tanz veranstalten."

„O ja!" schrien drei begeisterte Stimmen. „Und alle anderen Kinder laden wir ein!"

„Dann müssen wir zuerst einmal vorbereiten, was ihr anzieht. Das Essen soll wahrscheinlich wie immer sein, oder? Lauft zu Séraphine und bittet sie, alles für euch vorzubereiten."

Sie packten ihre Körbe und Schneckenschachteln, stürzten durchs Gebüsch davon und riefen nach Séraphine nur in den höchsten Tönen der Wonne, die französischen Brocken und der *diable* waren vollkommen vergessen.

Diese Kinderbälle werden zwei- oder dreimal im Jahr mit großer Feierlichkeit begangen. Sie dauern ungefähr eine Stunde, ich sitze in dieser Zeit in der Bibliothek am Klavier und klimpere muntere Weisen, während die Kinder wie wild um die Säule herumtanzen. Sie weigern sich, zu Paaren zu tanzen, was vielleicht gar nicht so schlecht ist, denn wenn sie sich gegenseitig aufforderten, bliebe wahrscheinlich immer eins über und hockte als Mauerblümchen zähneknirschend am Rande. Und wenn sie einen der alten Volkstänze tanzen, wird aus der Viererformation immer ein Dreieck. Zur vereinbarten Stunde klopfen sie an die Tür und erscheinen in den Verkleidungen, die sie sich diesmal ausgesucht haben. Beim letzten Mal trug das April-Kind meinen Jagdrock, das Mai-Kind war mit einem Muff ausstaffiert, das Juni-Kind schwenkte Séraphines Sonnenschirm. Dann wird vor mir geknickst, und jedes macht einige höfliche Bemerkungen, die es für den Anlaß für angemessen hält.

„Wie geht es Ihrem Herrn Gatten?" fragte mich Juni das vorige Mal in geziertem Ton, der ihr zum Ball gerade richtig zu klingen schien.

„Sehr gut, verbindlichen Dank."

„Oh. Wie niedlich."

„Meiner is aber gar nicht gut", bemerkte April voll Fröhlichkeit.

„Wirklich nicht?"

„Nee, hat ganz doll Bauchweh."

„Ach du liebe Zeit!"

„Sonst hätt ich ihn mitgebracht, er hat nämlich zu schöne Unnerhosen, rosa mit Schleifchen!"

Nach einer weiteren gepflegten kleinen Plauderei in dieser anmutigen Art beginnt der Ball, und nachdem sie eine Stunde getanzt haben, wird zum Abendbrot gebeten, das sie auf Fußbänkchen einnehmen und das aus Rettichen und Limonade besteht. Wenn sie es bis auf die Rettichstengel verputzt haben, erheben sie sich mit großer Würde, drücken in nach ihrer Meinung korrekt gesetzten Worten ihren tief empfundenen Dank für die schöne Einladung aus, machen einen Knicks und verschwinden im Bett, wo sie meist eine unruhige Nacht verbringen, Opfer von Alpträumen, die aus der ungewöhnlichen Kombination von Rettichen und Zitronensaft in Kindermägen resultiert. Das ist auch der Grund, weswegen diese Bälle zu den seltenen Festivitäten gehören. Die Kinder bestehen darauf, daß es zum Souper Rettiche gibt, und da ich zu den anständigen Eltern gehöre und meine Pflichten genau kenne, muß ich meine Einladungen auf zwei, höchstens drei im Jahr beschränken.

Elizabeth von Arnim

Freude an der Freude der anderen

Sich mitfreuen zu können, das ist ein ganz wichtiges Thema. Denn die Freude an der Freude eines anderen Menschen ist eigentlich die Basis für ein Fest. Ein Fest ist die Ausdrucksgebärde von Freude in einem Kollektiv. Wenn man sich freut, dann macht man ein Fest: Man kann alles vorbereiten für ein Fest, aber daß es dann ein wirkliches Fest wird und daß man sich richtig freut, das ist nicht machbar. Grundlage für ein Fest ist, daß Menschen sich freuen können an der Freude der anderen. Das ist nicht immer so einfach. Sich freuen an der Freude eines anderen Menschen heißt akzeptieren, daß ein anderer Mensch eine Emotion hat, die man auch gerne hätte.

Normalerweise versuchen wir, die Freude des anderen Menschen zu unserer eigenen Freude zu machen. Da bekommt zum Beispiel jemand einen Preis verliehen. Eigentlich ist man ein bißchen neidisch. Man ist eingeladen zu einem Fest anläßlich der Preisverleihung. Dann sagt man sich etwa: „Ist doch toll, daß es wenigstens einer oder eine von uns ist, der oder die diesen Preis bekommen hat.“ So kann man mit seinem Neid umgehen, indem man sich ein Stück mit dem Preisträger identifiziert, solidarisiert – wenn man ein durchschnittlich neidischer Mensch ist –, und dann kann man sich freuen miteinander.

Sich miteinander zu freuen, obwohl man auch rivalisiert, ist möglich. Gerade der Neid kann es aber verhindern, daß man sich mit einem anderen Menschen freut. Da bleibt dann allenfalls die vordemonstrierte Freude, die künstlich auf Freude getrimmte Gesichtsmuskulatur. Diese Freude zündet aber nicht, denn man kann sich nur miteinander freuen, wenn die Emotion der Freude einigermaßen echt ist.

Freudige Menschen fühlen sich im allgemeinen nicht als Opfer anderer Menschen oder der Umstände, denn sie haben den Mut, Leben zu gestalten. Es gehört ganz wesentlich zu uns Menschen, daß wir unser Leben gestalten wollen. Je resignierter wir aber sind, um so mehr empfinden wir uns als Opfer, Opfer der Umstände. „Man kann nichts machen.“ Wenn wir etwas freudiger werden könnten, dann wäre das zugleich eine Einstellung wider die Resignation, denn freudige Menschen eignen sich schlecht als Opfer. Diese Aussage muß allerdings relativiert werden: Es gibt eine „kollektive Überfreude“, die bewirken kann, daß Menschen letztlich auch Kollektivopfer werden, zum Beispiel während der quasi-kultischen Veranstaltungen der NS-Zeit.

Viele von uns können viel besser mit Opfern umgehen als mit strahlenden, selbstbewußten Menschen. Sobald einer strahlt, geraten wir ihm oder ihr gegenüber in die Rolle der Nichtstrahlenden. Bei einem hinreichend ausgeglichenen Selbstwertgefühl werden wir uns sagen: „Morgen werde auch ich wieder strahlen.“ Stecken wir aber gerade in einer Lebensphase, in der wir meinen, alle anderen hätten Gründe, sich zu freuen, nur wir selbst nicht, dann ist es schwierig, den Neid zu überwinden. Neid ist sehr störend, nicht nur in Beziehungen. Aber wir müssen ihn wahrnehmen, um mit ihm umgehen zu können. Dieses Geltenlassen einer Emotion, vor sich selbst und auch vor den anderen Menschen, ist in diesem Zusammenhang sehr wichtig. Denn wer sich nicht mit anderen mitfreuen, sich nicht öffnen kann, dem wird die Freude ein Stück weit vergällt, sie wird geringer in seinem Leben.

Verena Kast

Mit-Freude

Die Schlange, die uns sticht, meint uns wehe zu tun und freut sich dabei; das niedrigste Tier kann sich fremden *Schmerz* vorstellen. Aber fremde Freude sich vorstellen und sich dabei freuen ist das höchste Vorrecht der höchsten Tiere und wieder unter ihnen nur den ausgesuchtesten Exemplaren zugänglich – also ein seltenes humanum; so daß es Philosophen gegeben hat, welche die Mitfreude geleugnet haben.

Friedrich Nietzsche

Unlängst kamen ein paar rotgewandete tibetische Lamas nach New Mexico zu Besuch. Ein Schüler schenkte ihnen allen einen Flug mit einem Heißluftballon. Als sie morgens am Startplatz ankamen, stellte sich jedoch heraus, daß nur noch ein Flug für einen einzigen Mönch zu bekommen war. Ein Reporter, der über das Ereignis berichten wollte, fragte die anderen, ob sie denn nicht enttäuscht seien. „Oh nein", sagten sie lächelnd, „er fliegt für uns alle."

Jack Kornfield

Neujahr

Es schneit
Neujahrswünsche

Briefvögel
aus aller Welt
kommen geflogen

Boten
bringen Geschenke

Wir freuen uns zurück
ins vergessene Land

hören wieder die Worte
„Liebe deinen Nächsten
wie dich selbst“

Rose Ausländer

Die Vollmacht zum Glücklichsein

Es wurde mir bald ein Bedürfnis und zur Forderung meines unentbehrlichen Glücks, überall, wo es möglich war, Vertrauen, Zwanglosigkeit und Freude einzubringen. Als ob ich mein eigenes Glück allein aus dem Glück der anderen formen müßte und selbst kein anderes mehr anerkannte, als dieses, das ich durch Sympathie genießen könnte, oder gewissermaßen durch Vollmacht. Und all das, was sich diesem Glück widersetzen könnte, schien mir allein dadurch hassenswert: die Ängste, die Enttäuschungen, die Mißverständnisse, die Verleumdungen, die selbstgefällige Schaustellung eingebildeter Verzweiflung, das vergebliche Dürsten nach dem Unwirklichen, und der Zwist der Parteien, der Klassen, der Nationen und der Rassen, und all das, was aus dem Menschen einen Feind seiner selbst und der andern zu machen sucht, die Saat der Zwietracht, die Unterdrückung, die Einschüchterung, die Verleugnung.

André Gide

Dankbarkeit

Freude liegt der Dankbarkeit zweifellos zugrunde. Aber es ist eine ganz besondere Freude – eine Freude, die uns von einem anderen Menschen geschenkt wird. Meine Freude wird um etwas Wesentliches erweitert, wenn ich spüre, daß jemand anders, ein anderer Mensch, sie mir schenkt.

Ich kann mich selbst mit einem köstlichen Mahl verwöhnen, aber meine Freude wird in diesem Fall eine ganz andere sein, als wenn jemand anders mich verwöhnt hätte (und sei es auch mit einem weniger exquisiten Essen). Ich kann mir selbst etwas gönnen, aber keine geistige Verrenkung wird mich in die Lage versetzen, mir selbst dankbar zu sein; hierin liegt der Unterschied zwischen der Freude, aus der Dankbarkeit entspringt, und jeder anderen Art von Freude.

Dankbarkeit bezieht sich auf eine andere Person. Wir können nicht im selben Sinne Dingen oder unpersönlichen Mächten, wie dem Leben oder der Natur, dankbar sein, es sei denn, wir empfinden sie auf irgendeine unklare Weise als menschlich, vielleicht als übermenschlich.

David Steindl-Rast

Im Akt des Gebens wird etwas geboren

Was gibt ein Mensch dem anderen? Er gibt etwas von sich selbst, vom Kostbarsten, was er besitzt, er gibt etwas von seinem Leben. Das bedeutet nicht unbedingt, daß er sein Leben für den anderen opfert – sondern daß er ihm etwas von dem gibt, was in ihm lebendig ist; er gibt ihm etwas von seiner Freude, von seinem Interesse, von seinem Verständnis, von seinem Wissen, von seinem Humor, von seiner Traurigkeit – von allem, was in ihm lebendig ist. Indem er dem anderen auf diese Weise etwas von seinem Leben abgibt, bereichert er ihn, steigert er beim anderen das Gefühl des Lebendigseins und verstärkt damit dieses Gefühl des Lebendigseins auch in sich selbst. Er gibt nicht, um selbst etwas zu empfangen; das Geben ist an und für sich eine erlesene Freude. Indem er gibt, kann er nicht umhin, im anderen etwas zum Leben zu erwecken, und dieses zum Leben Erweckte strahlt zurück auf ihn; wenn jemand wahrhaft gibt, wird er ganz von selbst etwas zurückempfangen. Zum Geben gehört, daß es auch den anderen zum Geber macht, und beide haben ihre Freude an dem, was sie zum Leben erweckt haben. Im Akt des Gebens wird etwas geboren, und die beiden beteiligten Menschen sind dankbar für das Leben, das für sie beide geboren wurde.

Erich Fromm

Mudita (Freude)

Wahre Liebe bringt uns und denen, die wir lieben, Freude. Wenn unsere Liebe uns beiden keine Freude bringt, ist es nicht wahre Liebe. Kommentatoren erklären, daß Glücksgefühl sich auf Körper und Geist bezieht, während Freude sich hauptsächlich auf den Geist bezieht. Oft wird dieses Beispiel gegeben: Jemand, der in der Wüste reist, sieht einen Fluß kalten Wassers und empfindet Freude. Während er das Wasser trinkt, empfindet er Glück. *Ditthadhamma sukhavihari* bedeutet „glücklich verweilen im gegenwärtigen Augenblick". Wir rennen nicht in die Zukunft; wir wissen, alles ist hier in diesem Augenblick. Viele kleine Dinge können uns ungeheure Freude bringen, zum Beispiel die Feststellung, daß unsere Augen in guter Verfassung sind. Wir brauchen nur die Augen zu öffnen und sehen den blauen Himmel, die Veilchen, die Kinder, die Bäume. Freude enthält Glücklichsein, und Glücklichsein enthält Freude.

Manche Kommentatoren sagen, daß mudita „altruistische Freude" bedeute, das Glück, das wir fühlen, wenn andere glücklich sind. Aber das ist zu begrenzt. Es unterscheidet zwischen uns und anderen. Eine tiefere Definition von mudita ist: Freude, die voll Frieden und Zufriedenheit ist. Wir freuen uns, wenn wir andere glücklich sehen, aber wir erfreuen uns auch an unserem eigenen Wohlgefühl. Wie können wir Freude empfinden für jemand anderen, wenn wir nicht Freude empfinden für uns selbst? Freude ist für jeden.

Thich Nhât Hanh

Freude weggeben

Wir sollten uns angewöhnen, unsere Einstellung auf ganz alltägliche Weise zu ändern. Wenn wir etwas Schönes und Wunderbares erleben, geben wir unsere Freude mit dem Ausatmen weg und teilen sie mit anderen. Das schafft ungeheuren Raum – nicht nur für uns selbst, sondern auch für alle anderen. Dann beginnen die inneren Barrieren sich aufzulösen, die uns von unserer natürlichen Frische und Offenheit trennen. Diese revolutionäre und mutige Art, mit Leid und Freude umzugehen, ist die grundlegend neue Einstellung, die ich meine.

Wenn wir mit dem Leid arbeiten, indem wir uns darauf einlassen, und mit der Freude, indem wir sie weggeben, dann bedeutet das nicht, die Zähne zusammenzubeißen und ein fröhliches Liedchen zu pfeifen. Die Einstellung, um die es hier geht, ist viel spielerischer – sozusagen ein Tanz mit dem Leid und mit der Freude. Irgendwann begreifen wir, daß das Getrenntsein, das wir empfinden, ein albernes Mißverständnis ist. Wir begreifen, daß ursprünglich nichts getrennt ist. Wir erwachen zu dieser Erkenntnis. Grundlage für jedes echte mitfühlende Handeln ist die Einsicht, daß die anderen, die dort draußen zu sein scheinen, so etwas wie Spiegelbilder von uns selbst sind. Indem wir Freundschaft mit uns selbst schließen, schließen wir Freundschaft mit anderen. Indem wir andere verletzen, verletzen wir uns selbst.

Pema Chödrön

Was immer an Freude ist in der Welt,
entspringt dem Wunsch für das Glück aller anderen;
und was immer an Leiden ist in der Welt,
entspringt dem Wunsch nach nur eigenem Glück.

Shantideva

Grenzenlose Selbstlosigkeit

Im ersten Kapitel von „Eintritt in den Weg zum Erwachen" spricht Shantideva darüber, welches Verdienst und welchen Nutzen es bringt, wenn man Bodhichitta, das altruistische Streben nach Erleuchtung zum Wohl aller empfindenden Wesen, entwickelt. Da heißt es:

Vor seinem Körper verneige ich mich,
in dem der verehrungswürdige, kostbare Geist zur Welt kommt.
Ich suche Zuflucht bei diesem Quell der Freude,
der selbst jenen Glückseligkeit bringt, die ihm Leid zufügen.

Aus dem uneigennützigen Streben nach Erleuchtung erwächst die uneingeschränkte Fähigkeit, allen übrigen empfindenden Wesen behilflich zu sein. Daher, so erklärt Shantideva in dieser Strophe, verdient ein Mensch, der solch grenzenlose Selbstlosigkeit an den Tag legt, wahrhaftig Respekt und Verehrung. Diese grenzenlose Selbstlosigkeit ist nicht nur für den Betreffenden, sondern auch für zahllose andere empfindende Wesen ein Quell der Freude und Glückseligkeit. In welcher Weise auch immer andere mit diesem Menschen zu tun haben mögen – sogar wenn sie negativ gehandelt haben, wird dies in jedem Fall ihrem Leben eine starke positive Prägung geben. Wenn sie ihm gegenüber also negative Handlungen begangen beziehungsweise sich negativ verhalten haben, mögen zwar die unmittelbaren Konsequenzen gleichfalls negativ sein; dennoch wird auf lange Sicht die bloße Tatsache, mit solch einem Menschen in Berührung gekommen zu sein, positive Auswirkungen haben und Nutzen für die Zukunft bringen. Derartige Kraft besitzt die grenzenlose Selbstlosigkeit.

Dalai Lama

... UND SIE GEHORCHEN DEM LICHT

Die Überschreitung der Grenzen des Ichs

Die Seelen vor der Erschaffung des Körpers

Sie sollen nun etwas über die Zeit erfahren, da es Seelen gab, aber noch keine Körper.

Diese Zeit dauerte nur ein paar Jahre, aber jedes dieser Jahre war so lang wie eines unserer Jahrtausende.

Die Seelen wurde alle in einer Reihe aufgestellt. Man zeigte ihnen die Welt. Neun von zehn Seelen liefen auf sie zu.

Dann zeigte man den übrigen das Paradies. Neun von zehn unter ihnen liefen darauf zu.

Den übrigen Seelen brachte man die Hölle zu Gesicht. Voll Schrekken liefen neun von zehn vor ihr davon.

Dann waren da nur noch wenige Seelen, jene, die nichts von alledem berührt hatte. Weder die Erde noch das Paradies konnte sie locken, noch hatten sie die Hölle gefürchtet.

Die Himmlische Stimme sprach zu den Übriggebliebenen: „Ihr närrischen Seelen! Was ist es dann, das ihr wünscht?“

Die Seelen antworteten mit einer Stimme: „Allwissender, *Du* weißt, daß *Du* es bist, den wir uns wünschen, wir wollen uns nicht aus *Deiner* Gegenwart entfernen.“

Die Stimme sprach zu ihnen: „Der Wunsch nach *uns* ist riskant und bringt Mühsal und zahllose Gefahren.“

Die Seelen antworteten ihr: „Freudig werden wir alles auf uns nehmen um des Zusammenseins mit *Dir* willen, und wir werden alles verlieren, um alles zu gewinnen.“

Ilahi-Nama

Jenseits von Kommen und Gehen

Die Wahrheit ist in dir, und sie ist auch in mir;
du weißt, daß sich der Sproß schon im Samen verbirgt.
Wir alle mühen uns ab; niemand hat es weit gebracht.
Gib deine Arroganz auf und sieh dich in deinem Innern um.
Der blaue Himmel öffnet sich weiter und weiter,
das stete Gefühl des Scheiterns versiegt,
der Schaden, den ich mir zufügte, zerrinnt,
Millionen Sonnen treten in ihrem Licht hervor,
wenn ich unerschütterlich in jener Welt sitze.

Ich höre Glocken klingen, die niemand läutete,
die „Liebe“ birgt größere Freuden als wir je wissen können,
Regen fällt herab, obwohl der Himmel frei von Wolken ist,
ich sehe ganze Flüsse aus Licht.
Das Universum ist in all seinen Teilen durchdrungen von einer einzigen Liebe.
Wie schwer ist es doch, jene Freude in allen vier Körpern zu spüren!

Jene, die auf ihre Verständigkeit hoffen, scheitern.
Die Arroganz des Verstandes hat uns von jener Liebe getrennt.
Schon mit dem Wort „Verstand“ fühlst du dich Meilen entfernt.

Wie glücklich ist doch Kabir, denn umgeben von all dieser Freude singt er in seinem eigenen kleinen Boot.
Seine Gedichte gleichen zwei Seelen, die sich begegnen.
Diese Lieder beschreiben das Vergessen von Tod und Verlust.
Sie erheben sich über jedes Kommen und Gehen.

Kabir

Gleichnis von den Menschen mit höheren Zielen

Imam Al Ghasali verweist auf eine Überlieferung aus dem Leben Isas, des Sohnes der Maryam: Jesus, Marias Sohn.

Eines Tages sah Isa einige Menschen trübsinnig an einer Mauer entlang der Straße sitzen. Er fragte: „Was ist euer Kummer?“ Sie antworteten: „Durch unsere Angst vor der Hölle sind wir so geworden.“

Er machte sich auf den Weg und begegnete einer Gruppe von Menschen, die freudlos und untröstlich in verschiedenen Körperhaltungen entlang der Straße lagerten. Er sagte: „Was ist euer Kummer?“ Sie antworteten: „Das Verlangen nach dem Paradies hat uns zu dem gemacht, was wir sind.“

Er machte sich wieder auf den Weg und begegnete einer dritten Gruppe von Menschen. Sie wirkten, als ob sie schon viel durchgemacht hätten, aber ihre Gesichter leuchteten vor Freude.

Isa fragte sie: „Was hat euch in diesen Zustand versetzt?“ Und sie antworteten: „Der Geist der Wahrheit. Wir haben die Wirklichkeit erschaut, und das ließ uns geringere Ziele vergessen.“

Isa sagte: „Dies sind die Menschen, die zur Vollendung gelangen. Am Tag des Gerichts werden es jene sein, die in der Gegenwart Gottes stehen.“

Idries Shah

Ich sehe sein Antlitz,
ich sehe sein Lächeln –
    Das macht mir Freude!
Ich spür' seinen Zorn,
seine schmerzhaften Schläge –
    Das macht mir Freude!

Doch was ist das schon?
    Er hat meinen Kopf verlangt!
Und schließlich wollte er noch mehr –
    Das macht mir Freude!

Rumi

Das Wunder der Verwandlung

Es bedarf eines anderen Anrufes, es bedarf der Vernahme einer Beauftragung in unserem Leben, und alles sieht anders aus, schmeckt anders, ist anders. Dies ist das Wunder der Verwandlung, daß unser scheinbar so sinn- und wertloses Leben vor Gott und dann vor den Menschen, wenn wir uns dessen getrauen, etwas unendlich Kostbares, Freudebringendes, alles Leben ringsum Bereicherndes darstellt. Nur, wir müssen uns wagen.

Eugen Drewermann

Der Geist der Gemeinschaft

Das ist der Geist unserer Gemeinschaft: Völlige Hingabe, liebendes Vertrauen und Fröhlichkeit. Wir müssen fähig sein, die Liebe Christi auszustrahlen, sie in unseren Handlungen sichtbar zu machen. Wenn unser Tun nur einfach nützlich wäre, das den Menschen keine Freude bringt, dann würden unsere Armen sich nie dem Ruf öffnen können, den wir sie hören lassen wollen, den Ruf, Gott näher zu kommen.

Wir wollen ihnen das Gefühl vermitteln, daß sie geliebt werden. Wenn wir mit traurigem Gesicht zu ihnen gingen, würden wir sie nur noch niedergedrückter machen.

Mutter Teresa

O Freude über Freude

O Freude über Freude, ihr Nachbarn, kommt und hört,
was mir dort auf der Heide für Wunderding passiert!
Es kam ein weißer Engel bei hoher Mitternacht,
der sang mir ein Gesängel, daß mir das Herze lacht!

Er sagte: „Freut euch alle, der Heiland ist gebor'n
zu Bethlehem im Stalle, das hat er sich erkor'n.
Die Krippe ist sein Bette, geht hin nach Bethlehem!"
Und wie er also red'te, da flog er wieder heim.

Volkslied aus Schlesien

Die laute Herberge der Welt

„... weil in der Herberge kein Platz für sie war."
(Lukas 2,7)

*I*n der übervölkerten Herberge konnte unmöglich Platz für sie sein. Denn unmöglich konnte das Wort in eine formlose, passive Masse hineingeboren werden. Das Wort konnte kein Massenmensch, kein Menschenwesen ohne eigenes Gesicht werden. Daher war es ganz natürlich, daß für ihn in der Menge kein Platz war.

Die Botschaft einer großen Freude kann nicht in einer überfüllten Kneipe verkündet werden. In der dichten Menge gibt es unablässig neue freudige und katastrophale Botschaften. Wo jede neue Ankündigung alle vorherigen in den Schatten stellt, wo jeweils die heutige Katastrophe alles je Dagewesene übertrifft, wo die Gefahr jedes Tages das äußerste Opfer abverlangt, werden alle Neuigkeiten und alle Unterschiede eingeebnet; alle werden gleich-gültig. Die Nachrichten werden zum bloßen Lärm in den Ohren; sie treten kurz an die Stelle des vorausgegangenen Lärms und weichen alsbald dem darauffolgenden Lärm, so daß schließlich alles zu einem einzigen monotonen und sinnentleerten Geräusch verschwimmt. Etwas Neues? Es gibt pausenlos so viel Neues, daß kein Platz mehr für die wirklich neue Botschaft bleibt, für die „Gute Nachricht", die „große Freude, die dem ganzen Volk zuteil werden soll“ (Lukas 2,10).

Folglich wird die „große Freude“ abseits davon verkündet, im Schweigen, in der Einsamkeit und Dunkelheit, an „Hirten auf freiem Feld“, die „Nachtwache hielten bei ihrer Herde“ (Lukas 2,8) und offensichtlich unberührt waren von den Gerüchten und dem, was in der Masse brodelte. Sie sind die übriggebliebenen Nachfahren der Wüstenbewohner, der Nomaden, sie sind die Menschen, die offiziell nicht zählen. Und sie gehorchen dem Licht. Einzig das wurde von ihnen verlangt.

Thomas Merton

Das Licht im anderen

*W*enn wir Gott in einem Menschen erkennen, dann wissen wir um die Bedürfnisse dieses Menschen. Durch Bewußtheit können wir behilflich sein, das potentiell Vorhandene durch das Licht erscheinen zu lassen.

Und was für eine Freude dies bedeutet! Eine vollständig neue unsichtbare Welt öffnet sich für uns. Die innere Welt, die eine Welt des Lichts ist, wird durch die Freude eines anderen sichtbar. Es ist der Beginn der Erkenntnis der Stille.

Dies stellt den Beginn der Reise des Mystikers in das Unbekannte dar. Alles zuvor Geschehene, die Disziplinen und Praktiken, sind Vorbereitungsschritte für das Lüften des ersten Schleiers, der ersten Erkenntnisebene, dann, wenn der Mystiker sich seinem Herrn nähert. Plötzlich, fast gänzlich unvermutet, sieht man das Licht der Seele durch einen anderen hindurchscheinen. Aber eine nicht ganz undeutliche Intuition sagt uns doch bereits, daß es nicht so sehr das Licht dieser Person, sondern ein Licht ist, das schon immer da war und danach strebte, erkannt und in der Welt gesehen zu werden. Wenn diese Erkenntnis eintritt, kann sich eine Person vollständig verändern und Freude kann aus ihr strömen. Das Licht, welches sich seinen Weg nach draußen bahnt, wird sie befähigen, das gleiche Licht in anderen wahrzunehmen. Dann kann wirkliche Kommunikation entstehen, die Möglichkeit einer mystischen Umarmung und vielleicht sogar der erste Beginn eines mystischen Dialogs zwischen Gott und dem Menschen.

Reshad Feild

Die allgegenwärtige Freude

Eine allgegenwärtige Freude umflutet die Erde, sie entströmt ihr, auf den Anruf der Sonne. Sie schafft die erregte Atmosphäre, in der das Element schon zu leben beginnt und, noch gebunden, der ersten Starre entflieht ... Aus der Wirrnis der Gesetze sieht man herrliche Systeme entstehen: die Jahreszeiten, das Auf und Ab der Gezeiten, den Kreislauf des Wassers, den steten Wechsel von Tag und Nacht, die regelmäßige Wiederkehr der Winde. All das, was schon lebt, wird in harmonischem Rhythmus bewegt. Alles bereitet sich mit Hilfe der Freude, die Leben annimmt, die unbemerkt im Blatt pulsiert, die namhaft wird, sich teilt, die Duft wird in der Blüte, Geschmack in der Frucht, Bewußtsein und Stimme im Vogel. So daß die Wiederkehr, die Gestaltung und schließlich das Vergehen des Lebens dem Kreislauf des Wassers gleicht, das im Sonnenstrahl verdunstet und sich aufs neue im Tautropfen sammelt.

Jedes Tier ist nur ein Bündel Freude.

Alles strebt zum Sein, und jedes Geschöpf freut sich. Freude ist es, was du Frucht nennst, wenn sie im Saft steht, und wenn sie Gesang ist, Vogel.

Daß der Mensch zum Glück geboren ist, lehrt uns die ganze Natur.

André Gide

Die kosmische Lebensfreude

Je mehr prosaisch, je mehr schrecklich alltäglich jemand oder etwas zu sein scheint, desto mehr bewegt es mich zur Bewunderung der Genialität, mit welcher das Göttliche sich versteckt, um sich zu finden, der Weitschweifigkeit, zu der diese kosmische joie de vivre in der Ausarbeitung ihres Tanzes fähig ist. Ich denke an eine Eck-Tankstelle an einem heißen Nachmittag. Staub und Auspuffgase, der gewöhnliche Standard-Tankwart, ganz Baseball und Sportwagen, die Reklameschilder halbherzig poppig, die Fadheit so beruhigend – nichts hier außer uns Bürgern! Ich sehe, wie die Leute nur so tun, als sähen sie nicht, daß sie Avatare des Brahma, Vishnu und Shiva sind, daß die Zellen ihrer Körper Millionen Götter sind, daß der Staub ein Schleier aus Juwelen ist. Wie feierlich sie mir ihr Unverständnis zeigen würden, wenn ich an sie heranträte, um zu sagen: „Also, wem willst du denn was vormachen? Hör auf damit, Shiva, du alter Gauner! Du bist zwar ein guter Schauspieler, aber du kannst mich nicht täuschen." Aber das bewußte Ego weiß nicht, daß es etwas ist, was das göttliche Organ, der Körper, nur vorgibt zu sein. Wenn Leute zu einem Guru, einem Meister der Weisheit gehen, weil sie einen Weg aus der Dunkelheit suchen, tut dieser nichts anderes, als mit ihnen scheinbar einverstanden zu sein, bis sie aus ihrer Fassung gebracht werden und ihre Prätention fallen lassen. Er sagt nichts, aber das Zwinkern im Auge spricht zum Unterbewußtsein – „Du weißt ... Du weißt!"

Alan Watts

Der Wein der göttlichen Liebe

Es gibt nichts Seelentötenderes als den Zustand des *low-key.* Besonders unter den New-Age-Leuten gibt es ein Verlangen danach, *high* zu sein. Die Derwische gebrauchen das Wort „trunken"; Hazrat Inayat Khan nennt es „Den Wein vom göttlichen Sakrament". Das ist es, was Ekstase bedeutet: in die Höhe getragen zu werden von etwas Überwältigendem, etwas, das jenseits unserer selbst ist. Das ist die wichtigste Sache überhaupt, es ist das, was unser Leben verwandeln kann. Der Mensch lebt nicht vom Brot allein; er braucht auch den Wein. Mit kaltem Blut kann man nichts wirklich Bedeutendes erreichen, genauso wie man kein Eisen formen kann, bevor es nicht geschmolzen ist. Mit kaltem Blut kann man nicht einmal

Erkenntnisse gewinnen. Emotion ist erforderlich, um verstehen zu können.

Wir müssen in der kosmischen Freude von Shiva tanzen können. Doch es hat den Anschein, als hätten wir uns von dieser Fähigkeit abgeschnitten und müßten uns in diesem unserem Leben mit recht billigen Ersatzbefriedigungen begnügen. Wir opfern die Freude um des Vergnügens willen, wir versuchen uns mit äußerst belanglosen Dingen zu unterhalten – mit Dingen, die in der Tat die Seele töten. Der wirkliche Durchbruch von Freude kommt nur, wenn wir bis in den Kern unseres Seins erregt sind – wenn wir erschüttert sind von der Begegnung mit dem wirklichen Sinn.

Freude ist ein Durchbruch von Freiheit: Du bist dann wirklich frei von deinem Ichbewußtsein, wenn du wirklich glücklich bist. Frei sein bedeutet natürlich nicht notwendigerweise, nicht gebunden zu sein an Beruf, Familie oder gesellschaftliche Gepflogenheiten. Die wahre Freiheit ist die Freiheit von unserem Ausgeliefertsein an unser niederes Selbst. Wir alle haben eine tiefe Sehnsucht nach wahrer Freiheit, welche in dem Moment da ist, wo das Bewußtsein allumfassend wird und wir uns als Teil des Universums fühlen. Wir haben darüber hinaus das Verlangen nach jener anderen Erfahrung, über alles Erschaffene hinauszugelangen in *parat param* – „jenseits des Jenseits“ –, die höchste Form der Meditation.

Pir Vilayat Inayat Khan

Die Manifestation des Grundes

*I*ch gebe offen zu, daß ich mein Spiel an meiner Philosophie ausrichte. Das ist meine Lebenstat. Und wenn ich mir schon eine Lebenstat wähle, dann will ich die denkbar beste wählen, die ich mir vorstellen kann, und ich sage: „Zum Teufel mit diesem ganzen Unsinn. Ich weiß durchaus, daß ich nicht von Dauer bin, sondern daß ich eine zeitweilige Manifestation von Etwas bin, von dem es nichts Etwaseres mehr gibt.“ Genau so möchte ich es haben. Ich bin eine Manifestation der Wurzel und des Grunds des Universums, also dessen, was die Menschen Gott, Atman oder Brahman nennen. Und ich meine, es macht Freude, das zu wissen. Es macht Freude, das nicht bloß als Theorie zu kennen, sondern als positive Wahrnehmung, die man tatsächlich fühlen kann.

Alan Watts

Eines zu sein mit Allem, was lebt, in seliger Selbstvergessenheit wiederzukehren ins All der Natur, das ist der Gipfel der Gedanken und Freuden, das ist die heilige Bergeshöhe, der Ort der ewigen Ruhe, wo der Mittag seine Schwüle und der Donner seine Stimme verliert und das kochende Meer der Woge des Kornfelds gleicht.

Friedrich Hölderlin, „Hyperion"

Die Entfaltung der großen Vision

Den Tod anzuschauen, muß nicht morbide oder beängstigend sein. Warum nicht dann über den Tod nachdenken, wenn wir wirklich inspiriert sind, entspannt und bequem im Bett liegen, im Urlaub sind oder wenn wir gerade gute Musik hören? Warum nicht über den Tod nachdenken, wenn wir glücklich sind, bei guter Gesundheit, voller Vertrauen und uns wohlfühlen?

Wir haben doch sicher alle schon Zeiten erlebt, in denen wir ganz natürlich zur Innenschau neigen. Diese Gelegenheiten sollten wir nutzen, denn es sind Momente, in denen wir eine machtvolle Erfahrung machen können, die die Kraft hat, unsere ganze Sicht der Welt schnell zu verwandeln. Es sind Augenblicke, in denen frühere Überzeugungen und Meinungen wie von selbst abfallen und uns völlig verwandelt zurücklassen.

Kontemplation über den Tod wird uns ein tieferes Empfinden für das geben, was wir „Entsagung" nennen, *nge jung* auf Tibetisch. *Nge* bedeutet „tatsächlich" oder „definitiv", und *jung* heißt „herauskommen", „sich erheben" oder „geboren werden". Als Ergebnis eines häufigen und tiefen Nachdenkens über den Tod werden wir uns – häufig mit einem Gefühl des Überdrusses – aus unseren gewohnten Verhaltensmustern erheben. Wir werden eine zunehmende Bereitschaft entwickeln, sie loszulassen, und schließlich werden wir uns ganz von ihnen befreien, so leicht – sagen die Meister –, „wie man ein Haar aus einem Stück Butter zieht".

Diese Entsagung, zu der wir gelangen, enthält sowohl Freude als auch Trauer: Trauer, weil wir die Vergeblichkeit unserer alten Wege erkennen, Freude wegen der größeren Vision, die sich zu entfalten beginnt, sobald wir die alten Gewohnheiten loslassen. Es handelt sich hierbei um keine gewöhnliche Freude. Es ist eine Freude, die eine neue und tiefe Kraft hervorbringt, Vertrauen und eine bleibende Inspiration, die aus der Erkenntnis kommt, daß wir nicht zu unseren Gewohnheiten verdammt sind, daß wir uns tatsächlich von ihnen lösen, uns verändern und immer freier werden können.

Sogyal Rinpoche

Der Tod schmilzt dahin

Der Tod kommt
mit einer eindrucksvollen Sense
und sagt:
„Du solltest Angst vor mir haben."
Ich schaue auf und sage:
„Warum sollte ich Angst vor dir haben?"
„Weil ich dich töten werde.
Ich werde dein Sein auslöschen."
„Wie kannst du mein Sein auslöschen?"

Der Tod gibt keine Antwort.
Er schwingt nur seine eindrucksvolle Sense.

Ich sage: „Ich komme und ich gehe.
Dann komme ich wieder. Und gehe wieder.
Ich komme immer wieder. Du kannst weder bewirken,
daß ich existiere,
noch daß ich nicht existiere."
„Woher weißt du, daß du wiederkommst?" fragt der Tod.

„Ich weiß es, weil ich es bereits unzählige Male getan habe",
sage ich.
„Woher weiß ich, daß du die Wahrheit sagst?"
Wer kann das bezeugen?" Der Tod runzelt die Stirn.

Ich berühre die Erde und sage:
„Die Erde ist Zeugin. Sie ist meine Mutter."

Plötzlich hört der Tod die Musik.
Plötzlich hört der Tod aus allen Richtungen die Vögel singen.
Plötzlich sieht der Tod die Blumen blühen.
Die Erde gibt sich dem Tod zu erkennen
und lächelt ihn liebevoll an.
Unter dem liebevollen Blick der Erde schmilzt der Tod dahin.

Oh mein Liebes,
berühre die Erde, wann immer du dich fürchtest.
Berühre sie tief,
und dein Kummer wird sich auflösen.
Berühre sie tief,
und du wirst die Todlosigkeit berühren.

Thich Nhât Hanh

Siddhartha

Sie lauschten. Sanft klang der vielstimmige Gesang des Flusses. Siddhartha schaute ins Wasser, und im ziehenden Wasser erschienen ihm Bilder: sein Vater erschien, einsam, um den Sohn trauernd, er selbst erschien, einsam, auch er mit den Banden der Sehnsucht an den fernen Sohn gebunden; es erschien sein Sohn, einsam auch er, der Knabe, begehrlich auf der brennenden Bahn seiner jungen Wünsche stürmend, jeder auf sein Ziel gerichtet, jeder vom Ziel besessen, jeder leidend. Der Fluß sang mit einer Stimme des Leidens, sehnlich sang er, sehnlich floß er seinem Ziele zu, klagend klang seine Stimme.

„Hörst du?" fragte Vasudevas stummer Blick. Siddhartha nickte.

„Höre besser!" flüsterte Vasudeva.

Siddhartha bemühte sich, besser zu hören. Das Bild des Vaters, sein eigenes Bild, das Bild des Sohnes flossen ineinander, auch Kamalas Bild erschien und zerfloß, und das Bild Govindas, und andere Bilder, und flossen ineinander über, wurden alle zum Fluß, strebten alle als Fluß dem Ziele zu, sehnlich, begehrend, leidend, und des Flusses Stimme klang voll Sehnsucht, voll von brennendem Weh, voll von unstillbarem Verlangen. Zum Ziele strebte der Fluß. Siddhartha sah ihn eilen, den Fluß, der aus ihm und den Seinen und aus allen Menschen bestand, die er je gesehen hatte, alle die Wellen und Wasser eilten, leidend, Zielen zu, vielen Zielen, dem Wasserfall, dem See, der Stromschnelle, dem Meere, und alle Ziele wurden erreicht, und jedem folgte ein neues, und aus dem Wasser ward Dampf und stieg in den Himmel, ward Regen und stürzte aus dem Himmel herab, ward Quelle, ward Bach, ward Fluß, strebte aufs neue, floß aufs neue. Aber die sehnliche Stimme hatte sich verändert. Noch tönte sie leidvoll, suchend, aber andere Stimmen gesellten sich zu ihr, Stimmen der Freude und des Leides, gute und böse Stimmen, lachende und trauernde, hundert Stimmen, tausend Stimmen.

Siddhartha lauschte. Er war nun ganz Lauscher, ganz ins Zuhören vertieft, ganz leer, ganz einsaugend, er fühlte, daß er nun das Lauschen zu Ende gelernt habe. Oft schon hatte er all dies gehört, diese vielen Stimmen im Fluß, heute klang es neu. Schon konnte er die vielen Stimmen nicht mehr unterscheiden, nicht frohe von weinenden, nicht kindliche von männlichen, sie gehörten alle zusammen, Klage der Sehnsucht und Lachen des Wissenden, Schrei des Zorns und Stöhnen der Sterbenden, alles war eins, alles war ineinander verwoben und verknüpft, tausendfach verschlungen. Und alles zusammen, alle Stimmen, alle Ziele, alles Sehnen, alle Leiden, alle Lust, alles Gute und Böse, alles zusammen war die Welt. Alles zusammen war der Fluß des Geschehens, war die Musik des Lebens. Und wenn Siddhartha aufmerksam diesem Fluß, diesem tausendstimmigen Liede lauschte, wenn er nicht auf das Leid noch auf das Lachen hörte, wenn er seine Seele nicht an irgendeine Stimme band und mit seinem Ich in sie einging, sondern alle hörte, das Ganze, die

Einheit vernahm, dann bestand das große Lied der tausend Stimmen aus einem einzigen Worte, das hieß Om: die Vollendung.

„Hörst du?“ fragte wieder Vasudevas Blick.

Hell glänzte Vasudevas Lächeln, über all den Runzeln seines alten Antlitzes schwebte es leuchtend, wie über all den Stimmen des Flusses das Om schwebte. Hell glänzte sein Lächeln, als er den Freund anblickte, und hell glänzte nun auch auf Siddharthas Gesicht dasselbe Lächeln auf. Seine Wunde blühte, sein Leid strahlte, sein Ich war in die Einheit geflossen.

In dieser Stunde hörte Siddhartha auf, mit dem Schicksal zu kämpfen, hörte auf zu leiden. Auf seinem Gesicht blühte die Heiterkeit des Wissens, dem kein Wille mehr entgegensteht, das die Vollendung kennt, das einverstanden ist mit dem Fluß des Geschehens, mit dem Strom des Lebens, voll Mitleid, voll Mitlust, dem Strömen hingegeben, der Einheit zugehörig.

Als Vasudeva sich von dem Sitz am Ufer erhob, als er in Siddharthas Augen blickte und die Heiterkeit des Wissens darin strahlen sah, berührte er dessen Schulter leise mit der Hand, in seiner behutsamen und zarten Weise, und sagte: „Ich habe auf diese Stunde gewartet, Lieber. Nun sie gekommen ist, laß mich gehen. Lange habe ich auf diese Stunde gewartet, lange bin ich der Fährmann Vasudeva gewesen. Nun ist es genug. Lebe wohl, Hütte, lebe wohl, Fluß, lebe wohl, Siddhartha!“

Siddhartha verneigte sich tief vor dem Abschiednehmenden.

„Ich habe es gewußt“, sagte er leise. „Du wirst in die Wälder gehen?“

„Ich gehe in die Wälder, ich gehe in die Einheit“, sprach Vasudeva strahlend.

Strahlend ging er hinweg; Siddhartha blickte ihm nach. Mit tiefer Freude, mit tiefem Ernst blickte er ihm nach, sah seine Schritte voll Frieden, sah sein Haupt voll Glanz, sah seine Gestalt voll Licht.

Hermann Hesse, „Siddhartha“

Quellen

Die Fenster der Seele sind zahllos

Die Neuheit jeden Augenblicks: André Gide, Gesammelte Werke in zwölf Bänden, © 1989 Deutsche Verlags-Anstalt GmbH, Stuttgart. Zitiert nach „Uns nährt die Erde, uns nährt die Hoffnung", München, dtv 1974, S. 28

Dem Schauen sind keine Grenzen gesetzt: Henry Miller „Big Sur oder die Orangen des Hieronymus Bosch", deutsch: Kurt Wagenseil, Copyright © 1958 by Rowohlt Verlag GmbH, Reinbek, S. 28/29

Es ist so eine Ironie ...: Aus: Anaïs Nin „Sanftmut des Zorns", © 1979 alle deutschsprachigen Rechte by Scherz Verlag, Bern, München, Wien, S. 223

Es gibt eine Möglichkeit ...: Thich Nhât Hanh „Schritte der Achtsamkeit", Herder Spektrum, Freiburg, 2. Aufl. 1999, S. 101

Freude ist unsäglich mehr ...: Rainer Maria Rilke an Marianne Mitford, zitiert nach: Manfred Baumotte (Hrsg.), „Nachdenkliche Augenblicke", Walter Verlag, Zürich/Düsseldorf

Freude ist Leichtigkeit: Verena Kast „Freude Inspiration Hoffnung", © 1991 Patmos Verlag GmbH & Co. KG, Walter Verlag, Düsseldorf und Zürich, S. 52

Der Wunsch nach Genuß erzeugt Leid: Jiddu Krishnamurti „Einbruch in die Freiheit", Ullstein Verlag, Berlin, S. 34. © Copyright 1969, Krishnamurti Foundation Trust

Freude klopfte an meine Tür: André Gide, a. a. O., S. 107

Ein heller Frühlingsmorgen: Henry D. Thoreau „Leben aus den Wurzeln", Herder Spektrum, Freiburg, 2. Aufl. 1998, S. 84

Das Reich der Wahrnehmung ist grenzenlos: Aus: Chögyam Trungpa, „Das Buch vom meditativen Leben“, © 1986 alle deutschsprachigen Texte by by Scherz Verlag, Bern, München, Wien, S. 113

Glaubst du, du könntest ...: André Gide, a.a.O., S. 51

Wenn ich das Gefühl einfangen könnte ...: Virginia Woolf „Tagebücher 3“, © S. Fischer Verlag GmbH, Frankfurt am Main 1999, S. 383

Unser wahres Erbe: Thich Nhât Hanh „Nenne mich bei meinen wahren Namen“, Herder Spektrum, Freiburg 1998, S. 195, © der deutschen Übersetzung: Theseus Verlag, Berlin

Die Dichter verhelfen uns dazu ...: Gaston Bachelard „Die Poetik des Raumes“, © 1975 Carl Hanser Verlag, München-Wien

Glücklicher Tagesanbruch ...: Juan Ramón Jiménez „Stein und Himmel. Piedra y cielo“ / Gedichte / spanisch und deutsch. Übertragen von Fritz Vogelsang. © Herederos de Juan Ramón Jiménez, 1989. Klett-Cotta, Stuttgart 1988

Ein See von reinstem Kristall: Henry D. Thoreau, a.a.O., S. 63

Es ist die Dankbarkeit meines Herzens ...: André Gide, a.a.O., S. 124

Der Schlüssel für dauerhaftes Glück: David Steindl-Rast „Fülle und Nichts“, Herder Spektrum, Freiburg, Neuausgabe 1999, S. 171

Das Bedürfnis der Dankbarkeit ...: André Gide, a.a.O., S. 124

Hans im Glück: Ludwig Marcuse „Philosophie des Glücks. Von Hiob bis Freud“, Copyright © 1972 Diogenes Verlag AG, Zürich, detebe S. 42

Lerne loszulassen ...: Jack Kornfield „Buddhas kleines Weisungsbuch“, © 1994 Droemer Knaur Verlag, München, S. 74

Auf Begierde soll man verzichten ...: Hazrat Inayat Khan „Vadan“, Kommissionsverlag Bollmann AG, Zürich, S. 93

Der Verzicht auf die Freude ...: André Gide, a.a.O., S. 150

Wo wir sind ...: David Steindl-Rast „Staunen und Dankbarkeit“, Herder Spektrum, Freiburg, 2. Aufl. 1998, S. 27

Die gewöhnlichen Ereignisse: Henry D. Thoreau, a.a.O., S. 70

Das ist das Herrliche ...: Hermann Hesse, aus: „Lektüre für Minuten 1“, © Suhrkamp Verlag Frankfurt am Main 1971, S. 189

Verbeugungen: Jack Kornfield „Frag den Buddha und geh den Weg des Herzens“, Kösel Verlag, München 1995, S. 393

Freude und Offensein ...: Jack Kornfield „Buddhas kleines Weisungsbuch“, a.a.O., S.75

Das Herz berühren: Thich Nhât Hanh „Schritte der Achtsamkeit“, a.a.O., S.45

Warum irrst du, o Herz ...: „Weisheit des Ostens“, © by Wilhelm Heyne Verlag GmbH & Co. KG, München

Der junge Gott aus dem Kramladen: Thich Nhât Hanh „Der Duft von Palmenblättern“, Herder Spektrum, Freiburg 2000, S.132

Das Ende des Regens: Thomas Merton „Ein Tor zum Himmel ist überall“, Herder Spektrum, Freiburg, Neuausgabe 1999, S.23

Ein Stück vom Regenbogen: Henry D. Thoreau, a.a.O., S.35

Schnee: Patrick Grainville „Die Orgie, der Schnee“. Roman. Aus dem Franz. von Joachim Kalka. © Editions du Seuil, 1990. Klett-Cotta, Stuttgart 1992, S.47

Wer nie allein ist ...: Hazrat Inayat Khan, a.a.O., S.80

Alleinsein: Katherine Mansfield „Tagebuch 1904–1922“, © Deutsche Verlags-Anstalt GmbH, Stuttgart. Zitiert nach dtv, München 1979, S.232

Der neue Morgen: Prentice Mulford „Unfug des Lebens und des Sterbens“, © S. Fischer Verlag GmbH, Frankfurt am Main, S.197

Den Möglichkeiten des Glücks entgegen

Vorfreude auf Weihnachten: aus: Joachim Ringelnatz Sämtliche Gedichte, © 1997 Diogenes Verlag AG, Zürich, detebe S.141

Keinen Jäger ...: Marcel Proust „Tage der Freuden“, Propyläen Verlag, Berlin, zitiert nach Bibliothek Suhrkamp, Frankfurt am Main 1971, S.175

Es kommt der Augenblick ...: André Gide, a.a.O., S.69

Himmel auf Erden: Margriet de Moor „Der Virtuose“, Aus dem Niederländischen von Helga von Beuningen © 1994 Carl Hanser Verlag, München-Wien

Komm, mein Geliebter ...: Die Bibel, zitiert nach: Einheitsübersetzung der Heiligen Schrift © 1980 Katholische Bibelanstalt, Stuttgart

Die Liebeserklärung: Virginia Woolf, aus: „Mrs. Dalloway“, © 1925 Quentin Bell and Angelica Garnett. Deutsche Ausgabe von Walter Boehlich © S. Fischer Verlag GmbH, Frankfurt am Main 1997, S. 113–114

Was ist es …: Katherine Mansfield, a. a. O., S. 437

Vorfreude ist freie Imagination: Verena Kast, a. a. O., S. 72

Und ich habe mich …: Marie von Ebner-Eschenbach „Aphorismen", Insel Bücherei, Frankfurt am Main 1986, S. 48

Diese drei Tage: Marie Luise Kaschnitz, aus: „Kein Zauberspruch.", © Insel Verlag Frankfurt am Main 1972

Auch der Standard …: Prentice Mulford, a. a. O., S. 198

Erinnerungen, die Funken sprühen

Woher nehm ich …: Christoph Meckel „Säure", Claassen Verlag, Düsseldorf 1979 © beim Autor

Die Straßen von Paris: Henry Miller „Land der Erinnerung", deutsch bei Peter Schifferli Verlags AG, Zürich. © By arrangement with New Directions and Agence Hoffman, Munich

Jung sein …: Kurt Tucholsky „Rheinsberg", Atriums-Verlag, Zürich, zitiert nach Rowohlt Tb 1958, S. 66

Frühling in Paris: Ernest Hemingway „Paris – ein Fest fürs Leben", deutsch: Annemarie Horschitz-Horst, Copyright © 1965 by Rowohlt Verlag GmbH, Reinbek, S. 31

Sommerabende in Algier: Albert Camus Hochzeit Lichts. Impressionen am Rande der Wüste. Aus d. Franz. von Peter Gan. Copyright d. dt. Übersetzung © 1954, 2000 by Arche Verlag AG, Zürich-Hamburg

Jahreszeiten der Kindheit: Colette, „Sido". Mit freundlicher Genehmigung des Paul Zsolnay Verlages, Wien © Paul Zsolnay Verlag, Wien 1961

Das ist Magie: Hermann Hesse, aus: „Lektüre für Minuten 2", © Suhrkamp Verlag Frankfurt am Main 1975, S. 140

Sommermorgen: Colette, a. a. O., S. 231

Das Glück des Losgelöstseins: Henry Miller, „Land der Erinnerung", a. a. O., S. 14

Die tanzende Schönheit des Tages: Katherine Mansfield, a. a. O., S. 151

Das Erdbeben: Tania Blixen, Afrika – dunkel lockende Welt © 1998 Deutsche Verlags-Anstalt GmbH, Stuttgart

Durch die Imaginationsfähigkeit ...: Verena Kast, a.a.O., S. 52
Die Magie der Erinnerung: Anaïs Nin, a.a.O., S. 231

Süßer Reis mit Mango

Ein Napf frischer Milch: André Gide, a.a.O., S. 156
Die Freude liegt ...: Yehudi Menuhin „Die Freude liegt im Unvorhersehbaren, Serie Piper, München 1996, S. 90
Tomatensuppe: Doris Lessing „Unter der Haut", Autobiographie, Copyright © 1994 by Hoffmann und Campe Verlag, Hamburg, S. 180
Tausendmal hab ich ...: Friedrich Hölderlin „Hyperion", Reclam Verlag, Ditzingen 1983, S. 63
Süßer Reis mit Mango: Thich Nhât Hanh „Aus der Tiefe des Verstehens die Liebe berühren", © Theseus Verlag, Berlin 1996, S. 34
Als ich gerade...: Peter Handke, aus: „Phantasien der Wiederholung", © Suhrkamp Verlag Frankfurt am Main 1983, S. 96
Wicken: Elizabeth von Arnim „Sommer ohne Gäste", Ullstein Verlag, Berlin 1994, S. 66
Das Glück ist nur ein Augenblick: Prentice Mulford, a.a.O., S. 182
91. Grund zur Freude: Martin Walser „Der Grund zur Freude", Eremiten-Presse, Düsseldorf 1978
Ich bin müde ...: Katherine Mansfield, a.a.O., S. 152
Ein Reichtum an Beziehungen: Hermann Hesse, „Lektüre für Minuten 1", a.a.O., S. 73
Lerne die wahre Freude ...: „Weisheit des Ostens", a.a.O.
Ich möchte dir gern ...: Thich Nhât Hanh „Der Geruch von frisch geschnittenem Gras", Zen-Verlag Zenklausen in der Eifel 1995, S. 16
Schritt für Schritt: Doris Dörrie „Was machen wir jetzt?", Copyright © 2000 Diogenes Verlag AG, Zürich, S. 218
Wenn es uns gelingt ...: Thich Nhât Hanh „Ich pflanze ein Lächeln. Der Weg der Achtsamkeit", S. 42. Alle Rechte an der deutschen Übersetzung von Jürgen Saupe beim Wilhelm Goldmann Verlag, München
Die hohe Bewertung ...: Hermann Hesse, a.a.O., S. 189

Die Freuden der Mäßigung: Henry D. Thoreau, a. a. O., S. 105
Freude an der Sache …: Friedrich Nietzsche, zitiert nach „Langsame Curen", Herder Spektrum, Freiburg 2000, S. 145
Die alltäglichen Dinge: Chögyam Trungpa, a. a. O., S. 32
Manchmal Freude an allem …: Peter Handke „Das Gewicht der Welt", Residenz Verlag, Salzburg 1977
Hausarbeit in der Gesellschaft der Engel: Henri Bosco, zitiert nach: Gaston Bachelard, a. a. O., S. 85
Abspülen: Thich Nhât Hanh „Ich pflanze ein Lächeln", a. a. O., S. 40
Hingabe an die kleinsten Dinge: Charlotte Joko Beck „Zen im Alltag", © 1990 Droemer Knaur Verlag München, S. 287
Was hattest Du zum Frühstück …: Hermione Lee, aus: „Virginia Woolf. Ein Leben." © Hermione Lee 1996. Deutsche Ausgabe von Holger Fliessbach: © S. Fischer Verlag GmbH, Frankfurt am Main, 1999, S. 715

Wo Freude ihre Feste feiert

Rückenwind: Sarah Kirsch, aus: Werke in fünf Bänden, Band I: Gedichte © 1999 Deutsche Verlags-Anstalt GmbH, Stuttgart
Dein Lachen: Pablo Neruda, aus: Die Verse des Kapitäns, übers. von Fritz Vogelsang, in: Pablo Neruda, Liebesgedichte, Hermann Luchterhand Verlag, Hamburg/Zürich 1977, S. 23 © 1952 Pablo Neruda and Heirs of Pablo Neruda, © 1994 für die deutsche Übersetzung Luchterhand Literaturverlag GmbH, München
Der glücklichste Mensch der Welt: Idries Shah „Lebe das wirkliche Glück", Herder Spektrum, Freiburg, 5. Aufl. 1998, S. 190
Ich lache und lache …: aus: Jonathan Star/Sharam Shiva (Hrsg.), „Rumi. Das Lied der Liebe" Copyright © 1996 der deutschen Ausgabe by Wilhelm Heyne Verlag GmbH & Co. KG, München
Das Königreich deines eigenen Lebens: Chögyam Trungpa, a. a. O., S. 163
Wo Freude ihre Feste feiert …: Rabindranath Tagore „Wo Freude ihre Feste feiert", Verlag Herder, Freiburg 1990, S. 49
Der Engel, der die Freude verkündet: Anselm Grün „Jeder Mensch hat einen Engel", Herder Spektrum, Freiburg, 4. Aufl. 1990, S. 114

Freude am Tanzen: Alan Watts „Leben ist jetzt“, Herder Spektrum, Freiburg 1998, S. 57

Der Wasserfall erwacht: Rabindranath Tagore, a. a. O., S. 58

An den Mistral: Friedrich Nietzsche, „Gedichte“, Alfred Kröner Verlag, Stuttgart 1978, S. 495

Die Wunderharfe: Kakuzo Okakura „Ritual der Stille“, Herder Spektrum, Freiburg 1997, S. 89

Künstler sind Magier: Anaïs Nin, a. a. O., S. 221

Ich hätte zu einer Zeit …: André Gide, a. a. O., S. 88

Das Buch der Freude: Ingeborg Bachmann, aus: „Malina“, © Suhrkamp Verlag Frankfurt am Main 1971, S. 53

Bücher, die tanzen lehren: Friedrich Nietzsche „Menschliches, Allzumenschliches“, Alfred Kröner Verlag, Stuttgart 1978, S. 164

Zuzeiten wurde meine Freude …: André Gide, a. a. O., S. 47

Der Flug der Gedanken: Anaïs Nin, a. a. O., S. 219

Die Heiterkeit der Dichter: Ralph Waldo Emerson „Repräsentanten der Menschheit“, Oesch Verlag, Zürich 1987, S. 197

So groß ist die Macht der Ironie …: Ludwig Marcuse „Heinrich Heine“, © 1960 by Rowohlt Taschenbuch Verlag GmbH, Reinbek

Lesen: Jean-Paul Sartre „Die Wörter“, deutsch: Hans Mayer, S. 36. Copyright © 1973 by Rowohlt Verlag GmbH, Reinbek

Ich will nichts mit meinen Büchern sagen …: „Besuch bei Astrid Lindgren“, Oetinger Lesebuch, Sonderausgabe 1992/93. © Verlag Friedrich Oetinger GmbH, Hamburg, S. 37–40

Für mich ist Literatur …: Adolf Muschg, zitiert nach: Karl-Josef Kuschel „Weil wir uns auf dieser Erde nicht ganz zu Hause fühlen“, Piper Verlag, München 1985, S. 133

Kinderspiele: „Besuch bei Astrid Lindgren“, a. a. O., S. 37

Freude am Unsinn: Friedrich Nietzsche, „Langsame Curen“, a. a. O., S. 148

Fürchte nicht, dich zu unterhalten …: Prentice Mulford, a. a. O., S. 178

Die Spiele Gottes: David Steindl-Rast „Fülle und Nichts“, a. a. O., S. 103

Das Leben: ein Spiel: Janwillem van de Wetering „Ein Blick ins Nichts“, deutsch: Klaus Schomburg, Copyright © 1985 by Rowohlt Taschenbuch Verlag GmbH, Reinbek, S. 176

Die Kunst der Meditation: Aus: Sogyal Rinpoche „Das tibetische Buch vom Leben und vom Sterben", © 1993 alle deutschsprachigen Rechte by Scherz Verlag, Bern, München, Wien, für den Otto Wilhelm Barth Verlag, S. 105

Freude ist Leid ohne Maske

Einhorn: Hilde Domin, aus: dies., Gesammelte Gedichte. © S. Fischer Verlag GmbH, Frankfurt am Main, 1987

Der Fuchs und der kleine Prinz: Antoine de Saint-Exupéry „Der Kleine Prinz", © 1950 und 1998 Karl Rauch Verlag Düsseldorf, S. 48

Glück verbreiten: André Gide, a. a. O., S. 135

Von der Freude und vom Leid: Khalil Gibran „Der Prophet", © 1973 Patmos Verlag GmbH & Co. KG, Walter Verlag, Düsseldorf und Zürich

Es kann nichts wachsen ...: Friedrich Hölderlin „Hyperion", a. a. O. S. 47

Jenseits des Leidens: Jack Kornfield „Frag den Buddha und geh den Weg des Herzens", a. a. O., S. 393

Freude umfaßt alles: Pema Chödrön „Beginne, wo du bist", Aurum Verlag, Braunschweig 1995, S. 94

Das grundlegende Gutsein: Chögyam Trungpa, a. a. O., S. 92

Um unser eigenes Herz ...: Jack Kornfield „Buddhas kleines Weisungsbuch", a. a. O., S. 10

Gehen, um zu erwachen: Thich Nhât Hanh „Der Geruch von frisch geschnittenem Gras", a. a. O., S. 60

Freudenboten sind immer ...: Hazrat Inayat Khan, a. a. O., S. 105

Der kosmische Schmerz: zitiert nach Stephen Levine „Sein lassen", J. Kamphausen, Bielefeld 1992, S. 99

Den ganzen Tag ...: Juan Ramón Jiménez, a. a. O., S. 57

Der Garten als Zuflucht: Elizabeth von Arnim, a. a. O., S. 122

Künftige Tempel der Freude: Friedrich Nietzsche, a. a. O., S. 93

Selig: André Gide, a. a. O., S. 135

Freude als Ort der Erfahrung des Göttlichen: Raimon Panikkar „Das Göttliche in Allem", Herder Spektrum, Freiburg 2000, S. 113

Freude braucht keine Begründung: Verena Kast, a. a. O., S. 18

Wer viel Freude hat …: Friedrich Nietzsche, a.a.O., S. 32
Ich neige manchmal dazu …: Hermann Hesse, a.a.O., S. 189
Verführerische Freude: Stephen Levine, a.a.O., S. 262
Lob und Tadel …: Jack Kornfield „Buddhas kleines Weisungsbuch“, a.a.O., S. 86
Vegetation des Glücks: Friedrich Nietzsche, a.a.O., S. 331
Eine Freude …: „Weisheit des Ostens“, a.a.O.
Welchen Sinn hat es …: Hazrat Inayat Khan, a.a.O., S. 68
Das Opfer …: Mahatma Gandhi „Quellen des inneren Friedens“, Herder Spektrum, Freiburg 1999, S. 120
Geh, wohin dein Herz dich trägt: Aus: Susanna Tamaro „Geh, wohin dein Herz dich trägt“, Aus dem Italienischen von Maja Pflug. Copyright © 1995 Diogenes Verlag AG Zürich
Unser Glück …: Mahatma Gandhi, a.a.O., S. 119
Der Segen der Pflicht …: Hazrat Inayat Khan, a.a.O., S. 105
Tue deine Pflicht …: Marie von Ebner-Eschenbach, a.a.O., S. 48
Der Freude ..: Mahatma Gandhi, a.a.O., S. 119
Ich schlief und träumte …: „Weisheit des Ostens“, a.a.O.
Engel: Meister Eckehart „Vom Wunder der Seele“, Philipp Reclam Verlag, Stuttgart 1951, Reclam UB S. 72

Alles Vorhandene bist du

Leibhaftig: Christoph Meckel „Nachtessen“, Literarisches Colloquium Berlin 1975, S. 30
An Maja: Max Frisch, aus: „Die Tagebücher“, © Suhrkamp Verlag Frankfurt am Main 1983, S. 139–140
Brief: zitiert nach Ingeborg Drewitz „Bettine von Arnim“, Diederichs Verlag, Düsseldorf-Köln 1969, S. 47
Das achtzehnte Sonett: Rainer Maria Rilke „Die drei Liebenden“, Insel Verlag, Frankfurt am Main 1992, S. 88
Wie könnte sich Trauer …: Rumi, a.a.O., S. 72
Schöne: Pablo Neruda, a.a.O., S. 37
Die Erinnerungen des Kaisers Hadrian: Marguerite Yourcenar „Ich zähmte die Wölfin“, © 1953 Deutsche Verlags-Anstalt GmbH, Stuttgart

Der Weg zu dir: Erich Fried, aus: Liebesgedichte. Verlag Klaus Wagenbach, Berlin 1979, Neuausg. 1995. Siehe auch Gesammelte Werke, Wagenbach, Berlin 1993
Fragment: Christoph Meckel, „Nachtessen", a.a.O., S. 25
99. Grund zur Freude: Martin Walser, a.a.O.
Die Geburt: Doris Lessing, a.a.O., S. 448
Kinder: Elizabeth von Arnim, a.a.O., S. 128
Freude an der Freude der anderen: Verena Kast, a.a.O., S. 80
Mit-Freude: Friedrich Nietzsche, a.a.O., S. 37
Unlängst kamen …: Jack Kornfield „Frag den Buddha und geh den Weg des Herzens", a.a.O., S. 385
Neujahr: Rose Ausländer © Einverständnis, Pfaffenweiler Presse, D-79292 Pfaffenweiler (1980)
Die Vollmacht zum Glücklichsein: André Gide, a.a.O., S. 155
Dankbarkeit: David Steindl-Rast „Staunen und Dankbarkeit", a.a.O., S. 40
Im Akt des Gebens wird etwas geboren: Erich Fromm „Die Kunst des Liebens", Gesamtausgabe Bd. 4, © 1999 Deutsche Verlags-Anstalt GmbH, Stuttgart
Mudita: Thich Nhât Hanh, Mindfulness Bell No. 18, Community of Mindful Living, Berkeley
Freude weggeben: Pema Chödrön, a.a.O., S. 146
Was immer an Freude ist …: Shantideva, zitiert nach Sogyal Rinpoche, a.a.O., S. 121
Grenzenlose Selbstlosigkeit: Aus: Dalai Lama „Der Mensch der Zukunft – meine Vision", © 1998 alle deutschsprachigen Rechte by Scherz Verlag, Bern, München, Wien, S. 33

… und sie gehorchen dem Licht

Die Seelen vor der Erschaffung des Körpers: Ilahi-Nama, zitiert nach Idries Shah, a.a.O., S. 63
Jenseits von Kommen und Gehen: Kabir, zitiert nach Stephen Levine „Wer stirbt", J. Kamphausen, Bielefeld 1997, S. 89
Gleichnis von den Menschen mit höheren Zielen: Idries Shah, a.a.O., S. 51

Ich sehe sein Antlitz …: Rumi, a. a. O., S. 108
Das Wunder der Verwandlung: Eugen Drewermann „Taten der Liebe“, Herder Spektrum, Freiburg 1995, S. 165. © 1993 Patmos Verlag GmbH & Co. KG, Düsseldorf
Der Geist der Gemeinschaft: Mutter Teresa „Leben, um zu lieben“, Verlag Herder, Freiburg 1999, S. 240
Die laute Herberge der Welt: Thomas Merton, a. a. O., S. 90
Das Licht im anderen: Reshad Feild „Schritte in die Freiheit“, Verlag Bruno Martin, Südergellersen 1984, S. 147
Die allgegenwärtige Freude: André Gide, a. a. O., S. 118
Die kosmische Lebensfreude: Alan Watts „Kosmologie der Freude“, AT Verlag Aarau 2000
Der Wein der göttlichen Liebe: Pir Vilayat Inayat Khan „Der Ruf des Derwisch“, Synthesis, Essen 1982, S. 32
Die Manifestation des Grundes: Alan Watts „Leben ist jetzt“, a. a. O., S. 52
Eins zu sein mit Allem …: Friedrich Hölderlin, a. a. O., S. 9
Die Entfaltung der großen Vision: Sogyal Rinpoche, a. a. O., S. 51
Der Tod schmilzt dahin: Thich Nhât Hanh „Nenne mich bei meinen wahren Namen“, a. a. O., S. 200
Siddhartha: Hermann Hesse, aus: Gesammelte Dichtungen, Band 4: „Siddhartha“, © Suhrkamp Verlag Frankfurt am Main 1952

Inspirationen

Dominique Glocheux
512 Wege zum Glück
Band 7002
Himmelblau, statt grau in grau. Eine inspirierte Fülle von Ideen für ein Leben, das Spaß macht, für das Glück, das in den kleinen Dingen liegt.

Anton Lichtenauer (Hrsg.)
Gönn dir einen Stern
Himmlisches im Alltag finden
Band 7003
Es gibt noch schöne Dinge zwischen Himmel und Erde als Kleinkram, Hektik und Routine. Texte, die das Leben in ganz neuen Farben zeichnen.

Anton Lichtenauer (Hrsg.)
Happy days for you
Lauter kleine Glücksrezepte
Band 5137
Das Glück ist ganz nah: man muss es nur greifen. Maximen, Vorschläge und Hinweise, wo das Glück zu finden ist.

Irmtraud Tarr Krüger
Vom leichten Glück der einfachen Dinge
Kleine Freuden – große Wirkung
Band 4911
Innehalten, zu sich selber kommen, genießen, der Seele Luft und Atem geben: Sich inspirieren lassen, die Kunst des Lebens selber zu probieren.

Gelassenwerden
Herausgegeben von Rudolf Walter
Band 5016
Die innere Gelassenheit wächst, wenn man ihr Raum gibt, wenn es gelingt, loszulassen, Vertrauen zu gewinnen, das Ganze zu sehen.

Johannes Galli
Entdecke den Clown in dir
Heitere Gelassenheit finden
Band 5058

In seiner Hingabe ans Spiel nimmt der Clown den Missgeschicken des Lebens die Härte. Wer ihm zuschaut, sieht sich selbst – und findet zu heiterer Gelassenheit.

Karlheinz A. Geißler
Es muss in diesem Leben mehr als Eile geben
Band 5045

Ein spannendes Buch vom Hasten und Rasten. Das Fazit von „Europas bekanntestem Zeitforscher“ (PM).

Karlheinz A. Geißler
Zeit – verweile doch...
Lebensformen gegen die Hast
Band 4875

Der bedeutende Zeitforscher plädiert für Lebensformen, die der Alltagshast entgegengesetzt sind. „Das Buch für ein menschlicheres Zeitverständnis“ (SZ).

Ulrich Schaffer
Wesentlich werden
Band 5043

Zu wissen, worauf es ankommt wird zur Lebensweisheit. Das Wesentliche zu entdecken heißt Intensität und Lebendigkeit gewinnen.

Krishnamurti
Liebe gleicht dem Duft der Rose
Band 5039

Ein Buch über Liebe, Freiheit und die Überwindung von Angst – voller Poesie und Weisheit, voller Visionen und Erkenntnis.

Pierre Stutz
Ein Stück Himmel im Alltag
Sieben Schritte zu mehr Lebendigkeit
Band 5036

Mit konkreten spirituellen Übungen zeigt der bekannte Autor, wie wir die Quellen der eigenen Lebendigkeit wieder entdecken können.

Jack Kornfield/Christina Feldman
Geschichten, die der Seele gut tun
Band 4987

Inspirierende Weisheitsgeschichten aus aller Welt, voll innerer Heiterkeit. Von zwei bekannten Meditationsmeistern im Blick auf heutige Fragen zusammengestellt.

Anthony de Mello
Gib deiner Seele Zeit
Inspirationen für jeden Tag
Band 4984

Inspirationen, die nach innen führen und jedem Tag mehr Tiefe und mehr Leben geben. Mit ausgesuchten Schmuckvignetten.

Pierre Stutz
Meditationen zum Gelassenwerden
Band 4975

Pierre Stutz zeigt, wie aus dem meditativen Innehalten innere Ruhe im Alltag wird. Konkrete Übungen und Rituale.

Gerd B. Achenbach
Das kleine Buch der inneren Ruhe
Band 4972

Eine Auswahl inspirierender, tiefgründiger Texte aus der reichen Tradition philosophischer Lebenspraxis zeigt, dass es möglich ist, innezuhalten und sein inneres Gleichgewicht zu bewahren.

Dalai Lama
Das kleine Buch vom rechten Leben
Herausgegeben und eingeleitet von Dirk Kron
Band 4949

Die zentralen Texte des Dalai Lama, in denen sich der große Weisheitslehrer Themen des Alltags und ganz persönlichen Fragen widmet.

Anselm Grün
Herzensruhe
Im Einklang mit sich selber sein
Band 4925

Leistung und äußerlicher Wohlstand allein können nicht bringen, wonach sich Menschen wirklich sehnen: innere Ruhe und Seelenfrieden. Der moderne Seelenführer zu einem tieferen Leben.

Anselm Grün
50 Engel für das Jahr
Ein Inspirationsbuch
Band 4902

Die 50 Engel des Jahres sind inspirierende und diskrete Begleiter des Alltags. Ein „himmlisches" Buch, zum Schmökern und Verschenken.

Anselm Grün
Jeder Mensch hat einen Engel
Band 4885

Engel: Jeder Mensch braucht im Haus seiner Seele besondere Räume des Schutzes, des schöpferischen Versunkenseins. Ein spirituelles und inspirierendes Buch.

Anselm Grün
Vergiss das Beste nicht
Inspiration für jeden Tag
Band 4864

Jeder Tag ist Lebenszeit, in der wir dem Glück begegnen und Lebensfreude finden können. 365 Anregungen, die der Seele gut tun.

Thich Nhat Hanh
Lächle deinem eigenen Herzen zu
Wege zu einem achtsamen Leben
Hrsg. von J. Bossert/A. Meutes-Wilsing
Band 4883

Die einfache, tiefe Botschaft an Menschen, die in der Hektik des Alltags beim Gehen schon ans Rennen denken.

Marco Aldinger
BewußtseinserHeiterung
Weisheitsgeschichten
Band 5020

Befreit lachen, gelassen über den Dingen stehen – das kann nur, wer sich nicht selbst als Maß aller Dinge nimmt. „Ein brillantes, geistreiches Feuerwerk, das zu lesen ein Vergnügen ist." (ESOTERA)

Marco Aldinger
„Was ist die ewige Wahrheit?" „Geh weiter!"
Zen-Geschichten vom Festhalten und Loslassen
Band 5011

Die heitere Gelassenheit, für die die Meister des Zen bekannt sind, wird in diesen östlichen Weisheitstexten nachvollziehbar und lebendig.

Niklaus Brantschen
Erfüllter Augenblick
Wege zur Mitte des Herzens
Band 5030

Lärm, Unruhe, Hektik, Stress, Zerstreutheit – damit unser Leben nicht davon überwältigt wird, können wir Oasen der Stille suchen und ein neues Gefühl für das Leben finden.

Mahatma Gandhi
Quellen des inneren Friedens
Worte für einen Freund
Band 5029

Menschlich warme und tiefe Gedanken zu den großen Themen des Lebens, die am Anfang dieses Jahrhunderts neue Bedeutung gewinnen.